U0886334

低碳背景下
双渠道供应链网络设计优化及影响研究

朱晓宁 ◎ 著

中国财经出版传媒集团
经济科学出版社
Economic Science Press

图书在版编目（CIP）数据

低碳背景下双渠道供应链网络设计优化及影响研究/朱晓宁著.—北京：经济科学出版社，2020.11

ISBN 978-7-5218-1929-8

Ⅰ.①低… Ⅱ.①朱… Ⅲ.①购销渠道-供应链管理-研究 Ⅳ.①F713.1②F252

中国版本图书馆 CIP 数据核字（2020）第 185967 号

责任编辑：申先菊 赵 悦
责任校对：王肖楠
责任印制：邱 天

低碳背景下双渠道供应链网络设计优化及影响研究

朱晓宁 著

经济科学出版社出版、发行 新华书店经销

社址：北京市海淀区阜成路甲 28 号 邮编：100142

总编部电话：010-88191217 发行部电话：010-88191522

网址：www.esp.com.cn

电子邮箱：esp@esp.com.cn

天猫网店：经济科学出版社旗舰店

网址：http://jjkxcbs.tmall.com

北京季蜂印刷有限公司印装

710×1000 16 开 10.25 印张 280000 字

2020 年 11 月第 1 版 2020 年 11 月第 1 次印刷

ISBN 978-7-5218-1929-8 定价：50.00 元

（图书出现印装问题，本社负责调换。电话：010-88191510）

序　言

PREFACE

从整体来看，我国企业还处于供应链发展的初级阶段，普遍存在着供应链管理模式不科学、响应速度慢、供应链设计不合理等突出问题。企业对供应链管理不当致使企业出现问题甚至面临破产的事例层出不穷，企业缺乏从供应链的角度对采购、生产、销售、物流等过程进行统一规划，从而造成了整个供应链网络没有实现优化设计和持续改进，供应链抗风险能力差，运营成本高，库存量高，最终导致供应链中断甚至企业倒闭。

近些年来，互联网的普及促使电子商务迅速发展，网购的采购过程更简单，周转周期更短，交易成本更低，这对传统供应链发展产生了很大的冲击，越来越多的企业供应链开始从单一的传统模式转向双渠道供应链，即传统模式与电子商务模式兼具。其次，随着社会对气候变暖问题的日益重视，越来越多的国家正在着手制定低碳、环保的相关法律法规，并建立碳交易体系，全球各国都在建立碳排放体系。2017 年底，我国启动碳排放交易，在国内和国际社会都产生了深远影响。建设全国统一的碳排放交易市场，利用市场机制控制和减少温室气体的排放是我国推进经济向绿色低碳转型的重要策略。碳排放市场的建立和启动必然会影响到供应链网络的设计和运作。

供应链网络设计是供应链战略决策的基石。良好的供应链网络设计可以从根本上提高运营效率，并以最少的投资获得最大收益。与传统供应链相比，双渠道闭环供应链具有更加复杂的结构，使得来自其内部组织结构和外部环境等各方面的不确定性因素，都会直接影响供应链系统的正常运行。而且，双渠道供应链与传统供应链在应链结构、主要环节的成本统计、效率以及碳排量计算都存在较大差异。本书分别从以下三个方面对双渠道供应链进行网络设计：

（1）将产品生命周期阶段性特征融入供应链网络设计中，即针对产品生命周期不同阶段产品的竞争特征，选择适当的供应链分销网络与之相匹配。本书将双渠道供应链与产品生命周期不同特征相结合构建基于产品生命周期的双渠道供应链网络设计优化模型；并针对不同阶段产品市场需求特征以阶段响应时间为转移方程，建立了在一定约束条件下使产品整个生命周期内盈利最大的0－1混合整数规划模型，并利用lingo11.0软件设计算法程序求解得到优化方案。

（2）本书定量分析了在双渠道闭环供应链中，处于线上销售渠道和传统线下销售渠道在碳排放方面的差异。在此基础上，建立了在碳排放权交易制度和碳税制度下，以闭环供应链总成本和碳排放量最低为目标的混合整数线性规划模型。最后，通过数值模拟分析，得到了生产企业在构建供应链网络时的最佳配送量分配和供应链网络结构。

（3）本书针对双渠道供应链网络的不确定性进行分析，运用基于情景分析和遗憾值的鲁棒优化的方法对需求不确定性进行网络优化设计，运用区间法对原材料价格和产品价格不确定性进行网络优化设计。

本书从理论上充实了双渠道供应链的理论应用，得出的这些研究结果具有深远的意义，可以为企业供应链决策提供依据，完善管理体制并提升综合效益。同时也可以为政府在相关政策的制定上提供一些借鉴。

目　录

CONTENTS

第一章

绪　论

第一节　研究背景

近几年由于我国的经济发展和电子商务迅速崛起，我国大部分企业供应链面临着以下四个变化。

（1）双渠道供应链模式转型。我国的电子商务普及程度随着计算机技术和网络的迅速发展越来越高。据互联网络中心第41次报告显示，截至2017年12月，我国互联网普及率高达55.8%，网购用户的数目达到5.33亿，较之于2016年增长了14.3%，占总体网民的69.1%。与此同时，我国的网络交易额继续高速增长，较2016年同比增长为32.2%，增速上升了6%。互联网背景下的商业竞争越来越激烈，随着信息技术的快速普及，互联网改变了顾客的购买行为。通过快速支付并可以与客户获得直接联系的网络销售渠道越来越受到青睐[1]，网络销售渠道采购过程更简单，周转周期更短，交易成本更低，参与者可以更快地共享信息。因此，大部分企业开始逐步将供应链结构从单一的传统模式向兼具传统模式和电子商务模式的双渠道供应链转变。

供应链将核心生产企业，连同供应商、分销商、零售商等主体连接成一个完整的链条。即产品从原料及各种零部件的采购开始，到制成中间产品，最终形成产品的整条流程链条。供应链的作用在于将企业及其相关企业连接成一个网络整体，其加速了产品的生命周期，可以使得企业能够对外界的变化迅速做出反应，增强该企业的市场竞争能力。

电子商务模式相较于传统模式的供应链，具有一些特别的优点。以库存管理为例，电商模式因其便捷的信息，可以有效减少库存。电子商务方便了企业与其终端客户更加有效率的一系列活动，包括销售、服务、信息采集等。由于市场竞争越发激烈，许多企业都开始从传统的供应链模式向兼有传统模式和电商模式的双渠道供应链转变。据统计，大约有 68% 的消费品制造商在创建自己的网上销售渠道[2]，近 42% 的顶级企业为客户创造了电子商务渠道，其中包括戴尔、惠普、雅诗兰黛、耐克和苹果[3-4]。由此可见，双渠道供应链网络设计成为一种必然趋势。

双渠道供应链是指同时存在线下零售渠道和电商直销渠道的供应链。闭环供应链是相对于开环供应链而言的，其增加了产品回收等逆向物流环节，因此双渠道供应链的构成相对于传统单渠道供应链更加复杂。在这两种不同的模式下，供应链的结构、成本计量、碳排量计算等方面都存在较大差异，会直接影响供应链系统的设计和运作。

（2）全国碳交易市场正在建设之中。碳排放交易市场的启动必然会影响到供应链网络的设计和运作，良好的供应链网络设计可以从根本上提高运营效率，并以最少的投资获得最大收益[5]，不同的网络设计方案将直接影响企业的碳排放量、运作成本与鲁棒优化。另一方面，随着经济的发展、环境危机和能源问题的出现，闭环供应链越来越受到人们的关注[6]。随着政府政策和环境立法的不断严格，以及人们对自然资源日益短缺、废物排放日益增加的担忧，在很大程度上促使供应链增强其回收和再制造能力[7-8]。闭环供应链包含了产品回收、再处理、再销售等环节，可以将原材料和产品循环利用，减少废弃物的排放，同时还可以提高原材料利用率和供应链的运作效益，实现经济与环境的综合效益。

近 50 年来，人类活动产生的温室气体排放是造成气候变化的主要原因[9]。大量的碳排放可以导致全球气候变暖，随着社会对此气候变暖问题的日益重视，越来越多的国家正在着手制定低碳、环保的相关法律法规，并建立碳交易体系。为了应对气候变化，各国探索了许多抑制碳排放的方法，如《京都议定书》（1997 年）、《美国低碳经济法案》和《酸雨计划》（2000 年）[10]、《欧盟排放交易计划》（2007 年）[11]。2017 年底，我国启动碳排放交易，在国内和国际社会都产生了深远影响。建设全国统一的碳排放交易市场，利用市场机制控制和减少温室气体的排放是我国推进经济向绿色低碳转型的重要策略[12]。并且，中国已经做出了至 2020 年的减排承诺，并逐渐建立类似于欧盟 EU ETS 体系的碳交易市场。如果全国碳排放交易体系启动，则我国大部分制造企业都会面对碳交易对企业决策的影响。

参与碳交易意味着碳排放成为经营活动中的一项必须要考虑的生产要素。碳排放交易及碳税的征收也必然会对供应链网络设计决策造成影响。对于双渠道供应链模式而言，在碳排放方面，电商模式与传统线下模式之间的区别主要在仓储、包装和运输这三个方面。不同的网络设计方案将直接影响企业的碳排放量、运作成本。

（3）供应链网络设计问题日益引起人们的重视。人们的消费需求随着经济水平的提高，也从单一品种和标准化的产品转化为个性化、多样化的产品。制造企业的生产模式不得不随之调整，从原先大批量单一品种的生产模式调整为小批量的多种品种生产。与此同时，企业还需及时将成品送达客户。所以，设计高效率的供应链网络十分重要。

供应链网络设计问题是较为复杂的供应链战略决策问题之一，它需要决策供应网络中网点设施的数量、位置、产能、类型等各种网络参数配置问题，进而为整个供应链的长期有效运作做最优的规划[13]。供应链网络设计会对供应链的运营成本、利润、抗风险能力等产生长远的影响，因此是供应链战略决策的重要基石。

供应链管理需要在恰当的时间与地点精准地为顾客提供相应的服务[14]。在供应链上的各个厂家管理者通过对有限资源的合理配置以保证实现供应链运作过程中成本最小化与效率最大化。近年来，国内外众多学者对供应链管理的分析与研究朝着逐步深入的方向发展，供应链中个别节点的突发问题可能导致整条供应链的瘫痪。例如：锤子科技有限公司在2015年发布了其最新款产品Smartisan T2。锤子科技定义产品的方式与众多公司不同，是通过以其独特的设计方式进行定义。锤子科技有超过100家产品供应商，锤子科技对每一个零部件均进行严格的检查控制，这一阶段是企业供应链管理水平的完美体现。富士康原先为锤子科技的主代工厂，由于其退出进一步的合作，中天信成为主代工厂，而就在锤子科技即将召开产品发布会的前一天，中天信突然宣布破产，使锤子科技有限公司的供应链管理工作被迫中断，不得不另外寻找新的主代工厂。这次供应链中断的问题直接导致锤子科技错失产品发布会的3个销售黄金期。例如：飞利浦公司在2000年为新墨西哥的一家工厂提供芯片生产服务，由于遭遇雷劈导致库房起火。因为芯片生产对环境整洁度要求极高，但救火过程中消防人员的脚印与火灾中产生的烟尘导致该产商无法继续为飞利浦公司提供芯片服务。这场意外事故给飞利浦公司整年的工作安排与生产计划造成极大损失；爱立信公司为此公司唯一的芯片提供商，由于芯片的中断供应。为此，爱立信公司不得不退出相应手机的生产市场，这次供应链环节中断的事故直接导致该公司退出手机生产行业[15]。

随着经济全球化形势的加强，竞争环境的巨大转变也是各个企业不得不面对的问题之一。企业为了实现利益最大化，众多企业采取建立战略合作伙伴的方式得以实现。及时满足顾客的需求是保证企业实现利润最大化目标的关键之举，企业间的合作交流有助于供应链的优化管理。随着经济全球化的发展，客户需求多样化、供应链网络设计复杂化、产品生命周期缩短的形势下，企业重新设计规划自己的供应链，供应链管理效率得以有效的提升[16]。供应链上各个企业之间相互作用，单个企业的突发情况往往会影响整个产业链的发展。例如：1990 年间阿根廷等国家受到经济危机的严重影响，大量外资在经济危机中纷纷撤出阿根廷市场，进一步加剧了阿根廷国内的经济危机，导致更多企业破产，使全球供应链无法正常运行，造成全球重大经济损失；同时经济危机还导致阿根廷国内众多企业恶意囤货，众多产品无法在全球范围内正常的供应，导致包括中国在内的众多国家无法从该国进口大豆，影响众多国家经济的发展[17-19]。

以上案例在供应链管理上的失利是全球很多企业的一个真实写照。整体来讲，我国企业在供应链管理普遍存在着供应链管理模式不科学、响应速度慢，供应链设计不合理等突出问题。缺乏从供应链的角度对采购、生产、销售、物流等过程进行统一规划，造成整个供应链网络没有实现优化设计和持续改进，供应链抗风险能力差，运营成本高，库存量高，导致供应链中断甚至企业倒闭的情况。

（4）闭环双渠道供应链网络不确定性日益增多。闭环双渠道供应链是对传统供应链概念的延伸，它更注重整个正向链和反向链的物流、资金流和信息流的整合，在制造商越来越重视对所售产品的回收或再制造的过程中，闭环双渠道供应链包含更多的不确定性因素。

信息化技术快速发展使得企业面对复杂多变得外部环境，如何应对多种不确定性对供应链产生的影响，是企业在竞争激烈的社会中应该思考的问题，而低碳闭环双渠道供应链与传统供应链相比，具有更加复杂的结构，使得其来自内部和外部的不确定性因素大大增多。因此，研究低碳闭环双渠道供应链设计的鲁棒优化方法，有效抵制不确定性因素对系统结构和运营等方面带来的消极影响。许多学者将鲁棒优化方法应用于供应链管理领域中，主要解决选址规划、库存管理、风险管理、不确定性等问题，根据文献[20]，鲁棒优化方法应用最多的为不确定性方面。目前，关于低碳闭环供应链不确定性的研究，主要包括需求不确定、价格不确定、回收率不确定等方面。大量文献表明，低碳闭环供应链的鲁棒优化方法的研究仍然是值得关注的问题。

第二节　研究意义

供应链网络设计问题是较为复杂的供应链战略决策问题之一，它需要决策供应网络中网点设施的数量、位置、产能、类型等各种网络参数配置问题，进而为整个供应链的长期有效运作做最优的规划[21]。供应链网络设计会对供应链的运营成本、利润、抗风险能力等产生长远的影响，因此是供应链战略决策的重要基石。

供应链的网络设计优化问题涉及较多方面的问题，如：在整条供应链中销售点网址的选取、数量的设定、产量总体情况与各种产品的性能等方面的问题，通过对以上问题的研究从而确定供应链网络设计优化问题[22-26]，供应链网络设计优化会对供应链的运营成本、利润、抗风险能力等产生长远的影响，在低碳经济的背景下，分析内部结构、外部扰动不确定性因素对闭环供应链系统的影响规律，构建闭环供应链系统网络设计模型，并以鲁棒控制理论为基础，研究闭环供应链系统的网络优化问题，选取情景分析法、区间分析法描述不确定性问题，建立闭环双渠道供应链系统网络设计鲁棒优化模型，实现对系统中双渠道网络设施点的布局和设施点之间物流量的分配决策。因此是供应链战略决策的重要基石。

政府相关政策的出台及市场环境的变化无疑会对供应链网络设计优化产生影响。我国经济水平发展迅速使我国供应链企业主要面临着两大变化。

（1）双渠道供应链模式转型。我国企业的供应链管理方式已由最初的传统销售渠道转变为网络销售渠道与传统销售渠道相结合的双渠道供应链管理模式。一般来讲，这种供应链的创新模式将破坏传统供应链合作关系模式，但由于日趋激烈的市场竞争环境使工厂不得不转变传统经营模式向双渠道管理方式转变。双渠道网络供应模式与传统供应链模式相比具有更加复杂的内部结构，而外部不确定性因素的影响将直接影响供应链系统的整体运行模式。

（2）产品生命周期呈现缩短趋势。根据供应链的一般划分方式，我们将整条供应链的生命周期划分为：投入、成长、成熟、衰退四个时期。在产品生命周期的不同阶段，顾客对于特定产品的需求与市场情况都会时间逐渐改变，所采用的供应链管理措施也应做出相应的改变[27-28]，所以分别针对供应链不同生命周期阶段特征分别建立双渠道供应链网络设计优化模型。同时现有文献缺少从定量的角度进行产品生命周期特征与供应链模式选择的研究，忽略供应链运作模式的阶段性差异。

双渠道转型的全面启动以及逐渐缩短的生命周期对供应链网络设计优化提出了新的问题：第一，双渠道供应链相比单一传统模式下，在供应链网络结构和运作机制方面有何区别？第二，在供应链网络设计优化过程中如何考虑产品生命周期不同阶段的需求特征，并建立整体的动态优化模型？因此，理论界与实践界都需要适应中国市场的供应链网络设计优化研究，力求更好地完成双渠道供应链模式转型，能够迅速适应产品不同生命周期阶段特征的转变，实现长期经济效益最大化。

对低碳背景下双渠道供应链网络设计优化及影响的研究过程中，主要研究意义有以下两个。

（1）理论意义。本书运用产品生命周期理论，研究不同时期产品的需求与市场供应情况，分别针对供应链不同生命周期阶段特征分别建立双渠道供应链网络设计优化模型，定量研究产品生命周期特征与供应链模式的选择问题，充实了生命周期理论在供应链方面的应用。

从理论上分析和研究闭环双渠道供应链的网络结构，并寻求优化的模型和方法降低供应链成本，减少供应链碳减排，提升供应链的鲁棒性。将鲁棒优化方法应用于双渠道供应链中，丰富了鲁棒优化理论体系，运用基于情景分析和区间分析的鲁棒优化方法在一定程度上丰富鲁棒优化方法在供应链领域的研究内容。

（2）实践意义。①增强企业服务能力和应急能力。从实际应用上为企业在不确定性的市场环境下进行供应链管理提供理论指导和实践基础，促进企业合理有效的组合和分配资源，实现供应链系统服务能力的快速提升，并增强其对突发事件的应急防御能力。②促进资源合理利用，保护生态环境。在整个供应链网络设计中，考虑退货产品的废弃、维修、再利用环节，促进资源的循环利用；在目标函数中考虑碳排放量对整个供应链的经济效益的影响，有利于增强人们的额环保意识，保护生态环境。

第二章

文献综述

第一节　产品生命周期文献综述

对产品生命周期的研究多局限于定性研究一个产品在市场不同运行阶段所呈现出来的特征，并据此得出不同阶段市场对产品生产需求量的变化，但这种数据不足够直接指导企业的运营决策。同时不同学者提出的生命周期曲线形态也不尽相同，使得产品生命周期的研究没有一个趋同的方向与结果。S 曲线是其中最受认同描述产品周期不同市场阶段特性的曲线。除此之外，还有许多具有研究价值的生命周期曲线。比如戴维（David）提出的非标准型生命曲线，其中扇贝型、流行型与风格型曲线最为著名[29]；蔡莉运用 Logistic 的曲线规律来描述产品生命周期中蕴含的经济意义[30]；聂品则在 Vernon 研究的基础上完善其在国际贸易领域中的适用性，并对其提出的理论与概念进行进一步的完善[31]。

一、产品生命周期管理概念

外国学者马丁（Martin）[32]与康普顿（Crompton）[33]为研究产品的市场营销战略首次提出产品生命周期的概念，概念涉及的主要内容为产品生产后从进入市场到退出市场为一个连续的过程，将这个连续的过程定义为产品的生命周期。随后科瓦尔斯基（Kowalski）在研究产品在市场不同运行阶段的基础上，把产品的生命周期划分为四个阶段，分别为：推广、成长、成熟和衰败，为之后学者进一步研究产品生命周期奠定了坚实的基础[34]。美国学者菲利普·科特勒（Philip Kotler）首次运用定性的方式总结出产品生命周期不同阶段的特征，及其在市场运行中所应用的不同营销目标，从而针对产品生命周期的不同特征有针对性地提出市场营销方式，这也是将产品生命周期与市场营销领域的第一次系统的融合[35]。弗农（Vernon）则将产品的生命周期划分为创新、完善、标准化等几个部分，并将产品生命周期概念投入企业生产管理中，从而有针对性的指导企业在不同生命周期阶段所采取的策略。随着经济全球化的不断深入，产品需求端的不确定性因素显著增加，数据波动也难以预测，给产品生命周期的研究带来极大的困难，在这样的研究背景下，弗农等学者将产品生命周期的研究与国际贸易有关内容相结合，研究表明，产品在国内生产还是海外生产，何时出口等相关信息是否与产品生命周期理论的研究有紧密关系[36]。

经过几十年的发展，产品生命周期的概念和内涵在不断地发生变化，其中，最大的一次变化发生在20世纪80年代，并行工程的提出将产品生命周期的概念从经济管理领域投入到了工程领域，将生命周期管理的范围由市场阶段拓展到了整个产品开发阶段，真正地提出了覆盖从产品需求分析、概念设计、详细设计、生产制造、销售服务甚至回收再利用的产品生命周期的概念[37]。

由于产品生命周期管理是一个发展非常迅速的新的信息化领域，关于产品生命周期管理的概念，目前还没有一个公认的定义和诠释。不同的厂商、咨询公司和学者对其有不同的观点。下面列出其中一些比较具有代表性的看法。

（1）CIMdata 公司。产品生命周期管理是一种战略性的业务模式和企业信息化战略，它实施一整套业务解决方案，把人、过程和信息有效地集成在一起，支持产品信息在全企业和产品生命周期内的创建、管理、分发和使用过程[38]。

（2）AMR 公司。产品生命周期管理是一种把跨越业务流程和不同用户群体的单点应用软件集成起来整合已有的系统。它把分为四个主要的应用部分：产品数据管理；产品组合管理；协同产品商务；客户需求管理[39]。

（3）Collaborative Visions 公司。产品生命周期管理是一种 IT 战略，用于解决企业如何支持和管理产品创新过程中的重大问题。包括了充分利用跨越供应链的企业资源来实现产品创新的最大化，改善产品研发的速度和敏捷性，增强客户化生产和为用户量身定做产品的能力，以便最大限度地满足客户的需求[39]。

（4）Aberdeen 公司。产品生命周期管理是从产品产生到消亡的产品生命周期全过程中，一套开放的、可互操作的应用方案。其作用可以覆盖产品从概念设计、制造、使用到最终报废的每个环节。制造企业建立这样一个信息化环境的关键是要有一个记录所有产品信息的企业范围的中心知识库，该知识库用来保存企业的数据资源，基于任务的访问，并作为一个协同平台来共享各种信息资源，实现企业范围内的数据访问[39]。

（5）EDS公司。产品生命周期管理是一种以产品为中心的商业战略。它应用一系列的IT解决方案来协同地支持产品定义信息的生成、管理、分发和使用，从地域上横跨整个企业和供应链，从时间上覆盖从产品的概念阶段一直到产品报废的整个生命周期[39]。

（6）MSC Software公司。产品生命周期管理是采用一种全新的方法和视角联系起来的一组已有技术的组合，使得产品信息可以被组织中任何有需要的人员获取和使用[40]。

（7）四家资深的工业分析公司（AMR Research，Gartner，Giga和Yankee Group）。产品生命周期管理是提高产品开发效率的必要的企业基础结构，它描述了一个复杂的技术和服务框架，允许制造公司及其合作伙伴和客户，可以贯穿整个产品生命周期对产品进行分析、设计、制造和管理[41]。

以上这些定义分别从定位、内容、功能以及实施等方面反映出对的一些看法。虽然侧重点各不相同，但是我们可以从中提取出产品生命周期管理的一些关键特性：

（1）产品生命周期管理是一种信息化战略：需要从企业战略的高度来规划产品生命周期管理系统。

（2）产品生命周期管理涵括的范围：产品生命周期管理覆盖从需求分析、产品设计、制造、销售、服务直至最终报废回收的完整产品生命周期。

（3）产品生命周期管理的用户：产品生命周期管理的用户不仅包括单个企业内部的相关人员，而且还包括企业的客户以及其参与的供应链合作伙伴。

（4）管理的对象：产品生命周期管理的对象是产品信息，它包括产品在不同生命周期阶段内的数据。例如，客户对产品的需求信息，产品的设计信息、产品的制造信息、产品的销售信息、产品的服务信息以及产品的报废回收信息等。

（5）产品生命周期管理的目的：产品生命周期管理的目的是使用信息技术来实现产品生命周期各阶段的相关组织和人员协同地对产品信息进行创建、管理、分发和使用，从而提高产品开发效率。

（6）产品生命周期管理：产品生命周期管理的实现途径需要企业建立一个基础信息框架来集成不同的解决方案。综上所述，在本研究中，产品生命周期管理被定义为：是企业的一种信息化战略，它使得企业及其合作伙伴与客户能够在产品从需求分析、产品设计、制造、销售、服务以及最终报废回收的完整产品生命周期内协同地对产品信息进行创建、管理、分发和使用，以提高产品的开发效率；产品生命周期管理给出了一个企业信息化基础框架，该框架可以有效地集成不同的解决方案。

二、基于产品生命周期理论的供应链优化研究

张琰和陈纪南在从投资、融资和成本管理及营运资本管理的四个方面进行生命周期各个阶段财务策略的阐述[42]。章晓霞针对生命周期各个阶段可能出现的问题提出解决的办法[43]。郑秀云认为企业应通过对产品生命周期的不同阶段进行分析，合理地制定相应的投资、筹资、营运资本管理策略，不断地完善以使产品保持旺盛生命力[44]。沈建新、周儒荣认为产品全生命周期管理是指管理产品从需求、规划、设计、生产、经销、运行、使用、维修保养、直到回收再用处置的全生命周期中的信息与过程[45]。产品生命周期管理（PLM）正是基于企业的这种需求而产生并发展起来的。

黄永涛将产品生命周期的研究与延迟策略相结合，主要分析了在延迟策略下产品不同生命周期所采取的最优订单与最优生产等问题[46]。骆凡则从价值链的角度分析产品不同生命周期的生产成本要考虑的因素[47]。君等人（Jun et al.）将射频技术投入产品生命管理中[48]；泰弘拉庭等学者（Taholakian et al.）则以皮垂（Petri）网络研究工具融入产品生命周期的研究中[49]；此外文卡特森等（Venkatesan et al.）主要研究产品不同生命周期阶段所采取的定价策略，以不同阶段的市场特征创造性地提出技术生命周期理论、工业领域产品生命周期理论与产额生命周期理论等[50]。

第二节　传统渠道低碳供应链研究

在低碳环境下企业自身的运营生产及决策方面，华等（Hua et al.）[51]研究了在碳交易政策下，企业如何管理库存中的碳足迹问题，研究发现碳限额和碳交易价格对零售商的订货量、碳足迹和运营成本有着很大的影响。本贾法尔等（Benjaafar et al.）[52]通过简单的模型比较分析了四种不同的碳排放政策对企业生产和库存决策的影响。宫等（Gong et al.）[53]用动态模型研究了碳交易政策下企业的最佳生产策略问题。许等（Xu et al.）[54]研究了在碳限

额和碳税政策下制造商的联合生产和定价问题，结果表明在碳限额碳交易和碳税政策下碳交易价格和碳限额对企业的最优生产量起着决定性的作用。杜等（Du et al.）[55]深入研究了在碳限额碳交易政策下，消费者低碳偏好对制造商生产策略的影响。

许多学者通过契约来优化低碳供应链方面，戈什等（Ghosh et al.）[56]探讨了用两部定价契约来协调投入减排努力的低碳供应链的问题。托塔尔（Toptal）等[57]研究发现在碳交易政策和碳税政策下，数量折扣、两部定价以及收益共享契约等均能实现供应链的协调。谢鑫鹏等[58]研究了在零供双方组成供应链寄售系统中，零售商对受碳排放限制而进行减排的制造商实施收益共享和成本分摊策略受到减排限制而进行减排投资的供应商和实行收益分享及成本分摊契约时的减排及共享决策问题，研究发现，在收益共享寄售契约下，当且仅当满足收益共享比例等于成本分担比例的条件时，低碳供应链才能实现协调。李媛、赵道致[59]考虑公平偏好下回购和收益共享契约对低碳供应链协调的影响，研究发现考虑分配公平的前提条件下，回购和收益共享契约仍可以协调供应链。鲁力等[60]在不同的碳排放政策下，用回购契约研究了低碳供应链的协调问题。徐春明等[61]研究了在需求随机和和式的情形下成分共担、寄售以及收益共享契约对供应链的优化和协调问题，证明合作可以实现供应链减排和收益的双赢。陈玉玉等[62]。研究了在碳限额交易政策下，寄售契约在限额高于某一阈值的条件下，可以实现供应链的协调。覃艳华等[63]研究了随机需求下不同碳排放政策下，研究发现收益共享可以实现供应链的协调。王等（Wang et al.）[64]研究了在考虑低碳偏好情形下供应链的减排优化问题。周等（Zhou et al.）[65]研究了基于公平关切的低碳供应链协调问题，研究表明联合广告宣传和共担减排成本可以实现供应链的协调。庞庆华等[66]在碳税和政府补贴政策下，研究了收益共性契约实现供应链协调的条件，认为碳税可以提高企业的减排水平。弘等（Hong et al.）[67]在企业承担环境责任的前提下，研究了减排成本共担、合作促销及两部定价契约供应链减排的影响。刘名武等[68]研究了在零售商主导供应链的条件下，考虑碳交易政策和消费者低碳偏好的供应链减排合作的决策问题。陈剑[69]梳理了低碳供应链的研究现状，指出考虑生产和运输的运作优化、碳减排成本分布的科学度量等是值得关注的研究方向。

此外，有学者从其他角度研究了这一问题。易等（Yi et al.）[70]研究了政府碳税政策和节能补贴政策对两阶段低碳供应链决策的影响，结果表明碳税和节能补贴政策均能提高企业的减排水平，但效果不同。祖等（Zu et al.）[71]考虑政府强制干预和消费者低碳偏好前提下，用不同的博弈模型研究了供应链的减排决策和协调问题。王等（Wang et al.）[72]研究了在碳限额政策下，由一个供应商和两个零售商构成的二级低碳供应链的决策问题。周艳菊等[73]提出了嵌入式低碳服务供应链模型，研究不同的减排投资主体对供应链减排和收益的影响情况，发现由碳排放依赖型企业作减排投资主体对减排水平和收益的提升更有益处。刘名武等[74]在碳交易制度下，考虑消费者低碳偏好，构建低碳技术投入与合作的动态优化模型，得到了可以实现供应链成员减排和收益双赢的低碳技术特征条件和促进零售商参与低碳减排合作的条件。程茜等[75]考虑了供应链成员的利他偏好和社会责任对企业减排和利润的影响，研究发现供应链中任一成员的利他偏好都能促进制造商提高减排水平和更多地承担社会责任。

第三节　双渠道供应链网络的研究

近年来，闭环供应链已从最初的单一渠道销售和回收模式发展到现在的双渠道销售和回收模式。在双渠道闭环供应链网络方面，许多学者针对不同类型的供应链系统，选择建立不同的优化设计模型。郭等（Guo et al.）[76]通过建立零售商回收的闭环供应链博弈模型，分析了参数对系统的影响，从经济学的角度解释了复杂的非线性动态博弈行为。张成堂与杨善林[77]针对新产品和再制造商产品存在销售价格差异的问题，通过双渠道回收闭环供应链模型，研究了供应链的回收和定价策略。徐茂增与唐飞[78]研究了制造商网上直销、零售商进行传统零售、第三方负责废旧产品回收的双渠道闭环供应链协调问题。对于双渠道销售和回收闭环供应链的研究主要侧重于考虑政府干涉和渠道竞争等因素对闭环供应链定价决策和协调机制的影响。张芳与马小林[79]建立了考虑参考价格影响的双渠道闭环供应链博弈模型，研究在制造商主导回收下的静态和动态博弈模型，分析渠道偏好参数以及参考价格系数对定价的影响。主要包括由单一制造商和单一零售商组成的带有参考价格的双渠道闭环供应链的定价决策问题。于春海等[80]在基于双渠道闭环供应链的基础上探究了考虑离散时间的两阶段的定价及协调契约问题，并分析了回收率对于正向销售渠道策略选择的影响，进一步探究了回收率与契约共享系数的联合作用对于契约协调机制。

在渠道选择方面，清等（Chiang et al.）[81]研究了一个制造商在通过线上渠道、线下渠道或者是混合渠道情形下制造商的决策问题，结果表明线上渠道通过降低价格的双重边际效应可以提高制造商的收益。邓龙西里等（Dumrongsiri et al.)[82]研究发现不同渠道的运营成本和需求的差异激励了制造商开通直销渠道。黄等（Huang et al.)[83]通过构建一个确定的需求模型，研究了一种产品在两个不同渠道的最优定价策略。蔡（Cai)[84]研究了渠道竞争和渠道协调对供应链各方成员的影响，通过契约实现了零供双方收益的帕累托改进。陈远高等[85]指出双渠道间的服务竞争有助于提升供应链各方的绩效，且当消费者对线下渠道的忠诚度越低，开通线上线下双渠道后供应链系统的利润越大。巴塔菲等（R Batarfi et al.)[86]比较了引入线上直销渠道前后供应链各方利润的变化，发现引入线上直销渠道有利于提高供应链的整体绩效，但同时也造成了线上和线下渠道间的竞争和冲突。赵连霞等[87]研究了双渠道供应链中，制造商不同渠道选择的定价决策问题，研究发现，在一定利润共享机制下，制造商开通双渠道对供应链各方均有利。张等（Zhang et al.)[88]研究了零售商的渠道选择问题，研究了零售商不同的渠道选择对定价策略的影响。

在双渠道供应链的定价决策及优化方面，陈（Chen)[89]分别用 Stackelberg 博弈模型和 Nash 均衡博弈模型研究了在 O2O 混合渠道的供应链中，供应链成员不同的力量结构对定价策略和各方利润的影响。松井（Matsui)[90]研究了在双渠道供应链中制造商应该如何定直销价和批发价问题，并指出定价顺序对制造商的利润有显著影响。丹等（Dan et al.)[91]研究了零售商提供服务的条件下，双渠道供应链成员的决策问题和零售服务决策问题，结果表明零售服务和消费者的渠道忠诚度对制造商和零售商的定价决策有很大影响。罗里格斯等(Betzabé et al.)[92]在考虑库存成本的条件下，在制造商开通双渠道时用巢式离散模型建立了消费者需求函数研究了制造商的定价及分类决策问题，研究发现，较高可变性需求的变体可以带来较低的批发价，制造商更希望零售商拥有较高的需求变动性，然而零售商却希望自身需求变动性较低。李等（Li et al.)[93]研究了双渠道供应链中风险厌恶型的零售商对供应链的定价、订货量及利润的影响，提出了一个风险共担契约来协调双渠道供应链。肖等（Xiao et al.)[94]研究了双渠道供应链中存在渠道优先权的定价及渠道优先权策略和供应链协调问题。李等（Li et al.)[95]考虑了零售服务和零售商公平关切因素，研究了双渠道的增值服务价格、零售价格及协调策略，发现单一的批发价格契约不能协调双渠道供应链。郭等（Guo et al.)[96]探讨了双渠道中退货策略的影响，研究了四种不同的退货返回策略，结果表明，当回收率较低时零售商单一间接渠道全额退款策略对零售商更有益，否则零售商更倾向于直接渠道的全额退款策略。陈等（Chen et al.)[97]研究了由价格和质量共同决定的双渠道供应链，证明了制造商引入新渠道可以实现产品质量的改进，在价格和质量下降时，增加渠道可以提高供应链的绩效。徐广业等[98]研究了双渠道供应链中两种渠道间及零供之间的协调问题，构建了改进的收益共享契约来协调双渠道供应链。随后，肖剑等[99]研究了双渠道供应链中，通过制造商和零售商的服务合作，来缓解渠道冲突问题，研究发现直销渠道中制造的服务成本和零售商的服务成本对渠道价格和需求有显著影响。黄松等[100]探讨了成本和需求同时扰动情形下，双渠道供应链的决策问题，结果表明，需求和成本同时扰动的交互作用，可以使生产计划更稳健。吴晓志等[101]研究了需求和成本同时扰动下零售商开通双渠道供应链的协调问题，认为数量折扣契约可以实现扰动下零售商双渠道的协调。刘昊等[102]研究了在双渠道供应链中，制造商统一定价情形下供应链的促销决策与协调问题。

第四节　闭环供应链网络研究

一、闭环供应链概念

闭环供应链这一概念是在逆向物流的基础上被提出的，逆向物流这一概念首先被斯塔克（Stock）于1992年正式提出[103]。在逆向物流的概念被普遍接受之前，他的概念一直被修改和完善，现有最完整的定义之一是欧洲逆向物流工作组提出的，逆向物流是一个包含原材料在途及、中间库存管理、最终产品从制造商、分销商或者某一设施点返回到回收处或其他处置点的计划、实施和控制过程[104]。

闭环供应链在逆向物流的基础上进一步发展，整合正向物流和逆向物流，从而构成从原材料供应到最终产品回收与处理的封闭环状。将逆向物流与传统供应链相结合，能够使资源利用最大化，并且使资源浪费最小化[105-106]。

闭环供应链最重要的是对逆向物流的产品进行回收，根据回收渠道的不同，闭环供应链的回收渠道基本上有制造商回收、销售商（零售商）回收和第三方回收三种方式。

（1）制造商回收模式。在产品回收过程中，由制造商或者和其他企业联合对废旧产品进行处理回收的过程。制造商既是回收中心，也是再处理中心，这样不会增加额外成本。而对于生产产品的制造商而言，其具有极强的专业能力对产品进行废弃或者再利用的判断，具有处理效率高、时间短的优点。该方式适合回收价值较高的、单一品种的产品回收。

（2）销售商（零售商）回收模式。由销售商（零售商）回收废弃产品、转卖给制造商的模式。在这种模式中，销售商（零售商）和制造商共同承担风险，销售商（零售商）处于消费市场，具有强大的回收能力，可成为制造商与消费者之间的桥梁。该方式适合小批量、功能简单的产品回收。

（3）第三方回收模式。将所有的产品回收业务外包给专业的第三方企业，第三方企业将承担产品回收过程中的所有风险，并且会提供良好的售后服务。该方式适合大规模回收。

二、闭环供应链网络设计

传统的供应链网络模型主要着眼于总成本最小化或总利润最大化[107]。然而，随着环境压力的不断增大，闭环供应链越来越受到学者们的关注[108-114]。很多学者已经在闭环供应链网络设计问题领域中做了足够和全面的文献综述[115-117]。

闭环供应链的网络设计旨在建立一个从市场收集二手、翻新或缺陷产品并有效处理其回收活动的最佳系统[116]。到目前为止，许多研究将不同的变量纳入模型中，例如价格决策[118-119]、不确定性[120]、供应商选择[121]、再制造[122-123]等。此外，闭环供应链中的碳排放也是一个重要的研究领域。在对碳排放的研究中，产品运输的碳排放量占到了总排放量的约1/3，其次是产品制造、仓储等电力密集型活动，其他碳来源包括原材料采购、设施建设和运营[117]。法希尼亚等人（Fahimnia et al.，2013）设计并开发了一种闭环供应链的优化模型，并评估了正向和反向供应链对碳足迹的影响，他们发现碳定价会影响供应链的成本和环境[124]。陶等人（Tao et al.，2015）建立了基于变分不等式和互补理论的治理网络均衡模型，包括制造商、零售商、需求市场和回收商。在该模型中，给出了闭环供应链网络中各参与者的最优行为和均衡条件[125]。郑等（Zheng et al.）构建优化的低碳物流闭环供应链整合模式，降低碳排放，增加供应链价值，提高企业利润[126]。佐哈尔（Zohal）和索莱玛尼（Soleimani）的研究考虑了基于二氧化碳排放设计了一种绿色供应链，该供应链模型在正向物流中包括四级，分别为供应商、制造商、配送中心和客户，在逆向物流中包括三级，分别为处理中心、回收中心和收集中心。该文通过一种有效的元启发式算法来求解这个多目标物流模型[127]。伯赞等人（Bazan et al.）提出了由一个制造商和一个零售商组成的两级闭环供应链的闭环供应链模型，其主要针对三个环境问题，即生产中使用的能源、生产和运输过程中的温室气体排放以及再制造产品的次数进行研究[128]。陈等人（Chen et al.）研究了库存模型从而为企业如何管理库存提供了借鉴。他们发现通过调整订单数量，可以达到在不显著增加成本的情况下减少排放的目标[129]。其他学者也同意这一观点[130]。

供应链网络设计问题是较为复杂的供应链战略决策问题之一，它需要决策供应网络中网点设施的数量、位置、产能、类型等各种网络参数配置问题，进而为整个供应链的长期有效运作做最优的规划[131]。在闭环供应链网络设计中，通常需要大量的投资来做出战略决策。这些决策很难改变，并对供应链的绩效产生长期影响。最常见的战略决策包括确定设施的位置和数量、设施的能力和规模、不同产品生产和加工的技术以及分配问题、供应商的选择等[132]。

到目前为止，许多研究从不同的角度分析闭环供应链的网络设计问题，根据文献[133]，近些年来，学者对闭环供应链的研究主要集中在库存和退货管理、供应商选择、需求不确定性、动态模型和供应链协作方面。

戴卓（2014）等以碳排放最小和成本最低为目标，建立了一个多目标的低碳闭环供应链网络优化模型，将遗传算法与约束法相结合，来求得 Pareto 非劣最优解[134]。扎累辰恩等人（Zhalechian et al.）设计了一个在混合不确定性下闭环选址—库存模型，研究了 CO_2 排放、燃料消耗、能源浪费以及创造就业机会和经济发展对社会的影响，并使用随机规划法处理不确定性，开发了混合元启发式算法来解决此问题。最后，通过实例分析验证了该模型在现实应用中的适用性，并对管理含义进行了深入的分析[135]。索莱玛尼等人（Soleimani et al.）的闭环供应链涉及设施的各个层次，包括供应商、工厂、分销点、客户、回收点和退货点。该模型综合了原材料退货、零部件回收和产品再制造三种退货方式[136]。哈萨诺夫等人（Hasanov et al.）建立了一个包括多个购买者、一级供应商、二级供应商和一个制造商四级闭环供应链，以成本最小化为目标，寻找最低成本的生产策略和库存策略。结果发现，较高的废旧物品回收率降低了供应链成本[137]。董等人（Dong et al.）考虑了制造商—零售商、制造商—客户、零售商三种决策结构，选择最合适的闭环供应链来收集随机需求下的二手产品的问题，最后证明了当收集成本函数满足不同模型下的指定条件时，存在唯一的最优解[138]。谢家平等人着眼于绿色能源汽车的动力电池回收问题，构建了新能源汽车销售及动力电池回收的多级供应链网络，针对不同的回收模式，对供应链进行契约协调。最后，找到了促使汽车销售和电池回收平衡的最有条件，为政府决策提供了借鉴[139]。

第五节　双渠道低碳闭环供应链网络研究

近些年来，随着电子商务的迅速发展，对双渠道闭环供应链的研究越来越多。沈（Shen）和张（Zhang）认为需求变化是渠道选择的重要原因之一，建立了再制造与制造一体化的双渠道供应链并分析了服务质量和需求对供应链利润的影响[140]。高等人（Gao et al.）建立了双渠道闭环供应链分散决策下的三种定价模型，分析了电子商务渠道对闭环供应链定价决策和超额利润的影响[141]。哲里等人（Giri et al.）对供应链在五种不同情景下的定价和退货产品收集决策进行了分析推导，在具有正向和反向物流双渠道闭环供应链中，集中式、分散式的 Nash 博弈和制造商主导、零售商主导和第三方主导的分散场景[119]。同样，文献[142-145]也是基于博弈模型研究双渠道闭环供应链的定价策略。塔列扎德等人（Taleizadeh et al.）将 Stackelberg 博弈理论应用于双渠道闭环供应链网络，研究营销绩效对供应链成员最优决策和经济效益的影响[146]。文献[145-147]从不同角度对需求确定下的闭环供应链回收模式进行了研究，倪明等人认为现实中闭环供应链面对的往往是不确定的市场需求，并以废弃电子产品为研究对象，在需求不确定条件下构建了三种双渠道回收模式下闭环供应链模型[147]。申强等人运用 Stackelberg 博弈分析模型，研究由制造商、实体门店、电商平台与消费者组成的双渠道供应链产品质量控制问题[148]。

有学者也将低碳概念与双渠道闭环供应链相结合，研究闭环低碳供应链的网络设计。易余胤与陈月霄[149]用博弈论研究了一个制造商和两个竞争零售商组成的市场结构中的渠道选择问题。也有文章是用此方法研究制造商主导市场中新品和再造品有价格差异对废旧品回收模式选择及供应链系统收益决策问题的影响[150]，回收价格和初期投入等不确定性情况下的再制造闭环供应链回收渠道选择问题[151]。

优化的低碳双渠道供应链网络设计和管理能够减少温室气体的排放，对建立可再生能源和扩大“零排放”供应链具有重要意义[152]。让木渡等（Ramudhin et al.）[153]建立模型将碳排放交易纳入供应链网络的设计中，考察了不同的策略选择对碳足迹的影响，如供应商和分包商的选择，产品分配，产能利用率，以及运输配置等。柏凌特（Ballot）和方塔尼（Fontane）[154]根据企业物流数据进一步研究了供应链成员展开合作、共享供应网络对二氧化碳排放的影响。吴义生等[155]针对网购背景下低碳供应链网络优化问题，运用超网络理论构建了供应链超网络模型。汪传旭与李辉[156]将政府的补贴行为视作决策变量，同时构建双渠道销售和回收闭环供应链，研究碳排放限量下闭环供应链三阶段决策模型，对比分析了有无碳排放量的决策结果，分析了碳排放权限额和碳排放量比值对政府补贴、定价决策、供应链成员利润、碳排放总量、社会福利的影响。

目前大部分低碳供应链网络优化研究重点考虑了供应商和分销商选择、碳交易和碳税、碳排放量约束等因素，研究如何在碳排放成本和供应链整体效益之间取得平衡，以及碳减排成本如何改变供应链的最优配置，但均是在单一模式（传统模式/电子商务模式）下进行优化。

普通产品双渠道供应链的研究已相当丰富，近年来随着低碳经济的发展，学者的研究逐渐往双渠道低碳供应链领域转移，但是在双渠道情形下研究供应链的低碳减排问题的相关文献还相对较少。吉等（Ji et al.）[157]在碳限额与碳交易的政策下，研究了制造商开通与不开通直销渠道和零售商是否参与低碳促销的联合减排策略这四种组成情形下供应链各成员的决策及收益情况，考虑了低碳偏好对供应链各成员的影响，结果表明消费者的低碳偏好满足一定条件时，制造商开通线上线下双渠道对制造商更有益，另外联合减排策略对制造商和零售商都有益。随后，吉等（Ji et al.）[158]在自己的研究基础上，研究了低碳环境下O2O零售供应链，提出了三种机制：无碳排放总量限制的机制、基于溯源机制的碳限额与碳交易机制、基于标杆管理的碳限额与碳交易机制。分别研究了这三种机制对供应链成员决策、利润、环境及社会福利的影响，研究发现单位碳配额对决策有决定性的作用，另外，标杆管理机制更能激励减排；对政府来说对高排放企业使用标杆管理机制，对低排放企业使用溯源机制更有利。薄等（Bo et al.）[159]用一致定价策略研究了制造商生产低碳产品的双渠道供应链，认为当减排成本大于一定的阈值时，制造商将不会开通直销渠道；当消费者对线下渠道的忠诚度及减排成本满足一定条件时，双渠道低碳供应链确实存在。许等（Xu et al.）[160]研究了在强制性碳排放监管制度下，双渠道供应链的协调问题，研究发现分配给零售商的碳减排能力是否得到充分利用对零供双方的利润会产生不同的影响，并提出了线上线下价格折扣契约协调双渠道供应链。刘云龙等[161]研究了消费者低碳偏好对存在直销和传统零售的双渠道供应链的影响，研究发现消费者较高的低碳偏好和线上渠道接受度对零供双方的利润起到促进作用。黄书真等[162]研究了双渠道供应链中的合作减排和促销减排的决策问题，结果表明双方互担成本可以对零售商和制造商的减排努力程度同时起到激励作用。杨仕辉等[163]研究了制造商进行低碳减排且开通直销渠道的双渠道供应链系统，研究发现只有消费者对线上渠道的接受度较高时，制造商才会选择开通线上渠道，并提出成本共担和收益共享契约来协调供应链。杨满等[164]考虑了在双渠道供应链中，分析碳税补贴和碳税共担的模式下，消费者搭便车行为对供应链成员的定价和减排决策的影响。周熙登[165]研究了在碳限额政策下零售商开通双渠道的供应链的决策问题，结果表明碳配额和减排投入以及减排成本分担比例对供应链各个成员的决策和利润有显著影响。杨磊等[166]研究了集中决策、零售商开通双渠道、制造商开通双渠道和制造商委托第三方电商销售这四种情形下各成员的决策和利润，结果表明开通新渠道方可以从中获益。

第六节 碳排放约束条件分析

虽然学术领域对于低碳供应链尚未达成统一的概念，但是对其基本内涵基本一致：减少温室气体的排放，将环保的思维融入供应链的各个环节，通过供应链上下游企业的合作，使得各个节点的碳排放量控制在最低水平。其包括采购、加工、仓储、运输和回收等环节，从而获得最大的生态经济效益。

政府为了加强企业的低碳行为，所采取的工具主要分为基于市场机制和行政机制的低碳政策。基于行政机制的低碳政策主要包括通过强制性规定市场准入机制和企业技术规范等标准，强制企业采取低碳减排行为。但是这类政策的弊端是容易导致企业减排动力不足，减排效果不明显。基于市场机制的政策运用市场价格和竞争机制，市场的利益调控既能够激励企业主动采取减排措施以获得更高利润，并且可以有效控制企业的减排成本，从而实现最优的资源配置。各国政府普遍考虑的碳政策主要有五种，包括碳限额、碳税、碳排放权交易、碳补贴等政策。目前，碳税和碳排放权交易已成为实现碳减排目标最受欢迎的方式，同时也是全球范围内使用最为广泛的。对于传统供应链中的碳税和碳排放权交易的研究较多，而对于双渠道、闭环供应链的研究较少。

一、碳排放权交易约束

英国经济学家科斯（Coase）提出在明确产权的基础上，可通过市场契约安排解决外部性问题。基于科斯定理，碳排放权被定义为一种商品，政府作为该商品的最初所有者，通过科学合理的分配方法将定量的碳排放权分配到排放者手中。拥有碳排放权的排放者享有向环境排放限定数量温室气体的权利，或对其进行交易的权利。合理的碳交易制度能够积极发挥市场有效配置资源的作用，以单位碳排放权的价格为信号鼓励排放者做出决策，减排成本较高的排放者主动从减排成本低的排放者手中购买碳排放权，在控制碳排放总量的同时还能达到社会总减排成本最低的效果，实现帕累托最优。

碳排放权交易会对企业的生产成本造成影响，其原因在于企业获得的免费碳排放额度一定，如果当前周期消耗的碳排放量小于免费获取的额度，则本周期剩余的碳排放权可以积累到下一周期进行使用。如果当前周期消耗的碳排放量大于免费获取的额度，则企业必须支付一定的金额，去购买碳排放权，因此其利润会受到影响。由于碳排放权交易的免费限额会对供应链上的企业成本造成影响，进而对供应链的整体运作产生影响，因此设定科学合理的免费碳排放额度是十分必要而且有意义的。

世界各国都在逐渐建立碳排放权交易市场。欧盟拥有最先进的碳排放交易市场[167]，随后，一个全球非正式碳排放权市场正在建立发展中，美国、日本和澳大利亚也在制定相关计划。我国虽然是碳排放大国，但碳排放权交易市场建设却落后于发达国家。

在我国，企业主要通过免费分配机制获得碳排放权。市场监管部门以企业的行业、产品特征、生产成本和生产规模等因素进行评价，以此为依据分配初始碳排放量。分配机制主要采用基于产出分配和基于历史量排放分配。中国在碳排放权交易市场的发展历程主要分为以下几个时间节点：

2009 年 12 月，中国在丹麦举行的哥本哈根气候会议上，承诺到 2020 年单位国内生产总值二氧化碳排放相比 2005 年下降 40% ~45%。此后，于 2011 年 10 月，国家发展改革委办公厅发布了《关于开展碳排放权交易试点工作的通知》，同意在北京、天津、上海、重庆、湖北、广东及深圳开展碳排放权交易试点。经过几年的碳交易市场试点运营，我国于 2017 年 12 月 19 日正式启动全国碳交易体系（发电行业）。根据《全国碳排放权交易市场建设方案（发电行业）》，我国碳交易市场坚持先易后难、循序渐进的原则，有序推进碳交易市场建设。我国率先在发电行业启动全国碳交易体系，逐步扩大和完善碳交易市场的行业和交易品种。全国碳交易市场的建设工作主要分三阶段稳步推进。2018 年为基础建设期，主要是建设碳交易市场管理制度，包括完成全国统一数据报送系统、注册登记系统及交易系统的建设，提升各类主体的参与水平及管理能力。2019 年为模拟运行期，主要是模拟发电行业配额交易，发现并解决各环节存在的风险与问题，完善碳交易市场的管理制度。从 2020 年开始为深度完善期，在发电行业中开展各排放主体排放权配额现货交易，并在碳交易市场稳定运行的基础上，逐步扩大重点排放行业，丰富交易品种和方式。

截至2018年10月，我国碳交易市场试点累计成交碳排放交易额达2.64亿吨二氧化碳当量，约60亿元交易额，成交均价约为22.73元/吨二氧化碳。虽然我国碳交易市场短期内取得了较好减排成绩，但由于其减排效果和覆盖范围有限，长期看，对我国实现《巴黎气候变化协定》的承诺作用有限。正常的碳交易市场为双向减排机制：一方面增加生产成本，激励生产者采用低碳技术，从生产端减排；另一方面提高消费者的使用成本，减少需求量，从消费端减排。但由于我国电价受政府管制，碳交易市场虽会增加发电企业生产成本，但该信号无法通过电价传递给消费者，导致消费者减排动机较弱，降低了碳交易的减排效果。我国碳交易市场目前企业准入门槛为年能耗1万吨标准煤（约2.6万吨二氧化碳），纳入发电行业的企业达1 700多家，基本包括了所有主要火电企业，排放量超过30亿吨，占据全国碳排放量的1/3。虽然电力行业为我国最大的碳排放源行业，加上后期全国碳市场纳入其他重点排放行业，碳交易市场所涉及的排放量也仅占全国碳排放总量的50%以上。考虑到目前的碳交易市场减排效果及覆盖范围有限，我国有必要适时开征碳税。①

沙拉本等人（Chaabane et al.）提出了一个混合整数线性规划模型来设计碳限额交易政策下的可持续供应链，该模型结合了生命周期评估原理和网络各节点的传统物料平衡[168]。杜等（Du et al.，2015）构建制造商和供应商两级碳排放供应链，研究碳排放权交易机制对供应链决策和系统绩效的影响[169]。吉等人（Ji et al.，2017）研究在碳排放总量的管制下，消费者低碳偏好下双渠道供应链成员的减排行为，他们发现，当消费者的低碳敏感度满足一定条件时，制造商可以通过开辟直接渠道来增加利润[170]。齐等（Qi et al.，2017）设计了一个由一个供应商和两个零售商组成的两级供应链，他们通过分析价格决策过程，找出产品的最优批发价和零售价。与此同时，研究过程中还为政策制定者考虑了适当的碳排放的上限范围，以有效减少碳排放[171]。

对于政策制订者而言，过于严格的政策会导致供应链成本增加，而过于宽松的政策则对节能减排不会产生明显的效果。华（Hua）、何（He）、罗

---

① 发电企业开展碳交易面临的困难有哪些？碳排放交易网［EB/OL］.（2018-03-15）. http://www.tanpaifang.com/tanguwen/2018/0315/61599.html.

(Luo) 和许 (Xu) 通过研究揭示了在碳排放权的总量管制和交易政策的实施下，碳排放量和总成本可以同时降低[172-175]。因此，基于碳排放权交易政策，学者致力于设计降低碳排放量和成本的闭环供应链。然而，该政策对供应链运作的影响还有待进一步探讨。

二、碳税约束

英国经济学家庇古 (Pigou) 在外部性理论的基础上，提出可通过征税或补贴，将外部成本内部化，增加社会福利。基于庇古理论，碳税的以减少生产过程中所产生的二氧化碳排放量为目的，以化石燃料中的含碳量或在使用化石燃料时所排放的二氧化碳量为依据进行征税。政府针对企业征收碳税，其目的在于减少碳排放量，从而达到保护环境的目的。即使各个企业碳排放水平存在不确定和不一致性，但是政府仍旧选择碳税政策是因为其易于实施，并且在实施过程中有一定的稳定性[176]。一方面，碳税的征收可以提高相关能源产品的销售价格，因此减少对该产品的需求，从而减少碳排放。另一方面，征收碳税可以激发生产企业使用和开发清洁能源的动机，因此减少碳排放。除此之外，碳税还发挥着促进环境改革的作用[177]。奥尔森等人 (Olsen et al.) 通过对碳税影响的适当分析发现，碳税政策对于节能减排有一定的促进作用[178]。但是，碳税会提高企业的生产成本，根据陈等人 (Chen et al.) 的研究，碳减排政策会导致供应链总成本增加[179]，但是，在征收碳税的情况下，特别是如果供应链足够灵活的情况下，系统的总成本并不会急剧增加。法希尼亚等人 (Fahimnia et al.) 在研究供应链总成本时发现，与不征收碳税相比，税率为23澳元/吨二氧化碳的情况下，供应链总成本仅增加 1.4%[180]，同时扎克里等人 (Zakeri et al.) 也发现了同样的结论[181]。杨玉香等人在研究碳税政策对供应链均衡影响时，考虑了三种减排政策，分别为统一碳排放税收政策、累进排放税政策和政府管控排放标准税收政策，计算了不同碳税政策下制造商应该缴纳的碳税，分析了三种碳税条件对供应链均衡的影响后，总结三种政策的优缺点[182]。

碳税政策的实施也存在一定的困难。根据不同地区、时间以及碳排放量的分析，碳税税率的设置仍然是一个问题[117]。哈代塞撒 (Haddadsisakht) 和瑞安 (Ryan) 考虑到碳税率的不确定性，建立了一个闭环供应链网络。结果表明，与按税率调整产品流量相比，运输方式运力的调整能力能够适应碳税的不确定性[183]。麻等人 (Ma et al.) 开发了一个动态规划模型，以研究碳税在有限时间范围内计算最优订单量的影响[184]。陈等人（Chen et al.）整合碳配额限制对供应链内企业的影响[179]。

目前，世界上已有多个国家采用征收碳税的方式减排，其计税依据主要包括以下两种形式：根据化石燃料的含碳量或直接排放到空气中的二氧化碳量进行征税。其中，只有少数国家如波兰、捷克等直接对排放到空气中的二氧化碳量进行计税。其他多数国家如芬兰、丹麦、日本和英国等都是通过燃料的总量或其含碳量进行征税。这两种不同的计税方法中，直接对排放到空气中的二氧化碳量进行征税是比较理想的方式，其不仅可以反映出碳排放主体的排放量，其连续的历史数据也可以反映出碳排放主体在减碳方面所做的努力，因此可以成为一种正向的激励。但是这种技术方法的弊端在于其实施的技术复杂，因此导致的成本较高。对于化石燃料或者能源的含碳量进行征税，虽然在技术方面简单易行，但其不利于激励企业采用先进的技术减少二氧化碳的排放。

关于碳税和碳排放权交易这两种政策，世界上越来越多的国家和地区已经认识到其并非是必须独立存在的。如果能够将这两种措施联合使用，其可以产生更好的减排效果。目前，世界上已有多个国家将碳税政策和碳排放交易政策进行混合使用，如丹麦、挪威、法国、瑞典等国。他们的实践为我国的碳减排政策的选择提供了非常宝贵的借鉴经验。在 2005 年，欧盟建立了世界上首个碳排放权交易体系欧盟温室气体排放贸易机制（European Union Emissions Trading Scheme，EU ETS)，其主要覆盖了包括发电和工业等多个重点碳排放企业。涵盖了欧盟 40% 左右的排放量。而在此之前已有成员国挪威（1991 年)、瑞典（1991 年)、丹麦（1992 年）等先后开征碳税。由于 EU ETS 主要覆盖了发电和工业等重点碳排放行业的企业，为了避免碳税与碳交易政策所涉及行业的重复，瑞典与丹麦等国在 EU ETS 正式实施后，修改了相关税法，免除了 EU ETS 所涉及排放主体的碳税。法国和葡萄牙等新开征碳税的欧盟国家，一般免除 EU ETS 已覆盖主体的碳税义务，碳税与 EU ETS 同时存在，互不交叉。但挪威为更好地完成减排目标，其油气和航空部门同时受到碳税与碳交易政策的管制。

碳排放权上限和价格对政策和供应链都是必不可少的。大多数研究都是基于单一的碳政策，而少数论文则侧重于不同碳政策下的比较结果，分析对供应链运营决策的影响，如其他学者（Song and Leng、Jaber、He、Xu）[185-188]。

第七节　闭环供应链不确定性

一、闭环供应链不确定性来源

供应链是由一个或者多个供应商、制造商、分销中心、分销商、消费者等组成的系统。在供应链运作过程中，面临着不可预测的外界环境的变化，加之供应链系统内部网络结构的复杂性，不确定性来自各个环节。

国内外学者从不同的角度对不确定性来源进行了研究。从供应链的组成角度出发，供应链的不确定性来自供应商、制造商和顾客三方面。供应商的不确定性表现为供应延迟、原材料订货量和交货量不确定等；制造商的不确定性表现为生产产品可靠性以及生产计划提前或延迟等；顾客的不确定性表现为需求不确定、购买力不确定、个人偏好的差异等[189-190]。从供应链的运作风险角度出发，供应链不确定性来自供应链管理、需求管理、产品管理和信息管理[191]。黄小原认为供应链的不确定性来自内部运作和外部环境两方面的影响。减少内部不确定性要加强供应链内部的运作能力，减少外部环境的影响需要各个组织成员增强协调性[192]。韩小花认为闭环供应链的不确定因素来源于三种不同的回收渠道（制造商回收、零售商回收、第三方回收）[193]。廖等人（Liao et al.）将供应链的不确定性因素分为四种类型，分别为参数不确定性、背景不确定性、闭环供应链模型结构不确定性和闭环供应链模型结果不确定性[194]。

二、闭环供应链不确定性描述方法

戈文丹等人（Govindan et al.）指出解决供应链不确定问题的方法主要有动态规划、鲁棒优化、随机规划和模糊规划[195]。在这里我们主要介绍随机规划和模糊规划，鲁棒优化将在下一节中详细介绍。

（1）随机规划法。随机规划法是根据数据本身的随机性，用概率分布函数表示不确定性参数，建立带有随机参数的数学规划模型。随机规划用于研究具有不确定性的决策问题，其中心问题是选择参数，使收益的数学期望达到最大，或使成本的数学期望达到最小。随机规划法的基本步骤如下：先综合分析不确定时间的内外部环境，结合先前资料，用随机的情景个数来描述该系统未来的多种状态值，并且情景个数是有限的，然后对情景发生概率进行估计，再建立基于情景的随机规划模型，最后进行求解。随机规划模型的情景概率是通过历史经验或者有限的资料估计得出的，当情景规模较大时，模型求解难度非常大。该方法的缺点为对实际数据信息的质量和数量有很大的依赖性，当历史数据不完整或者经验不足时，决策者对于随机参数的选取存在误差，导致模型求解结果与实际存在较大偏差。

（2）模糊规划法。模糊规划法是在贝尔曼（Bellman）和扎德（Zadeh）提出的模糊决策的概念基础上被佐川（Sakawa）于 1984 年，它是多目标非线性规划的一种求解方法之一。模糊规划法适用于描述一些不存在明显分隔界限的对象，其基本思想是假设决策者对多目标非线性规划的每个目标函数值都设定一个模糊目的值，通过引入隶属度函数使得模糊程度得到量化，然后利用三种模糊决策之一获得决策者的满意解[196]。采用模糊规划法描述不确定性时，一般利用三角模糊数或梯形模糊数描述不确定性参数，建立相应的模糊规划模型。求解时可以进一步结合模糊数学理论，从而将不确定问题转化为模糊优化问题进行求解。

第八节 鲁棒优化理论

一、鲁棒优化方法综述

概括地讲，鲁棒性是一个系统在内部和外部环境发生变化时，仍然保持系统功能的能力。具体到供应链领域，供应链鲁棒性是指供应链网络在面对不确定性时，不出现（至少希望在相当长的时间内不出现）中断、失效、结构改变、大面积缺货，服务水平普遍下降，总成本大幅变化等，并表现出良好绩效。

鲁棒优化方法由苏斯特（Soyster）于 1973 年提出[197]，马尔维（Mulvey）在此基础上提出了基于情景分析的鲁棒优化模型[198]，随后一些学者（Ben－Tal、Nemirovski、El Ghaoui & Lebret）在建立鲁棒优化理论方面做了重大贡献，分别研究了不同形式的数据不确定性的线性规划问题、二次规划问题和半定规划问题[199－202]，2004 年，贝蒂西马斯（Bertsimas）和西姆（Sim）提出了基于约束不满足的概率界和鲁棒解被保护的线性规划鲁棒优化模型[203]。

一般来讲，鲁棒优化模型主要体现为解鲁棒性及模型鲁棒性。其中，解鲁棒性体现为，当某些情景条件发生变化时，所得到的最优解依然为近似最优解。而模型鲁棒性体现为，当某些情景条件发生变化时，所得到的最优解总是可行解。

采用鲁棒优化方法时，当不确定参数的概率分布未知时，利用情景分析法和区间分析法来表示不确定性参数。在鲁棒优化问题中，不确定参数可以是连续的，也可以通过一些离散的情形来指定。对于连续参数，通常假设这些不确定参数可以在一个称为区间不确定性的预定义区间内变化。

鲁棒优化方法已经有被应用到各个领域。尤其是对供应链鲁棒优化的研究。较早将鲁棒优化方法与供应链相结合的学者是余（Yu）和李（Li，2000）[204]，该不确定性方法是马尔维（Mulvey）提出的基于情景分析的鲁棒优化方法，随后，拉哈玛尼等（Rahmani et al.）、马等（Ma et al.）、穆罕默德等（Mohammed et al.）、萨法伊等（Safaei et al.）均用此方法解决了一系列闭环供应链的不确定性问题[205-208]。田俊峰、杨梅和岳劲峰（2012）建立了具有遗憾值约束的鲁棒优化模型，并且提出了基于紧急搜索算法对该模型进行求解[209]。

二、鲁棒优化模型类型

鲁棒优化模型作为一种解决供应链不确定性问题的方法，以基于状态空间模型的频率设计方法为主要特征，提出了从根本上解决控制对象模型不确定性和外界扰动不确定性问题的有效方法。从定义优化目标函数的角度分析，鲁棒优化模型主要包括三种基本类型，分别为遗憾值模型、最大最小后悔值模型、均值方差模型。

（1）遗憾值模型。在遗憾值模型中，遗憾值是指最优解的目标函数值与可行解的目标函数值之间的差值，这个差值就是遗憾值，遗憾值模型的表达式如下：

令常数 $\omega \geqslant 0$，S 为情景集合，对于所有 $s \in S$，Z_s^* 是问题 P_s 的最优解。

若存在 $\forall s \in S$，都有 $\dfrac{Z_s(X) - Z_s^*}{Z_s^*} \leqslant \omega$，则 x 为原不确定问题的鲁棒解，$Z_s(X) - Z_s^*$ 为绝对遗憾值，$\dfrac{Z_s(X) - Z_s^*}{Z_s^*}$ 为相对遗憾值，ω 是遗憾值的限定系数。

根据以上定义可知，一个问题的鲁棒解可能有多个，但是决策者进行决策的时候需要最佳的鲁棒解，因此，运用遗憾值模型所得到的鲁棒优化模型如下：

$$\min \sum_{s \in S} p_s \cdot Z_s(x)$$

$$\text{s.t.}\quad Z_s(x) \leqslant (1+\omega) \cdot Z_s^*$$
$$x \in X$$

上式所得到的最优解即为原问题的鲁棒解，其中 X 表示确定性问题的可行解集合，p_s 表示情景 s 发生的概率。

（2）最大最小后悔值模型。用最大最小后悔值模型求的鲁棒解具有一定的保守性，运用最大最小后悔值处理问题要准确运用“大中取小”和“小中取大”的准则对模型的最坏情况进行分析，根据定义得到该模型的最小（大）目标函数值最大（小）化。

处理过程如下：

$$\min\{Z(x,\ \xi) \mid f(x,\ \xi) \leqslant 0,\ \forall \xi \in U,\ i=1,\ 2,\ \cdots,\ m\}$$

其中，ξ，U 分别表示不确定性参数和不确定性集合。

根据上述得到该模型的鲁棒优化模型为：

$$\min_x \max_{\xi \in U}\{Z(x,\ \xi) - Z(x^*,\ \xi) \mid f(x^*,\ \xi) \leqslant 0,\ \forall \xi \in U,\ i=1,\ 2,\ \cdots,\ m\}$$

或者

$$\max_x \min_{\xi \in U}\{Z(x,\ \xi) - Z(x^*,\ \xi) \mid f(x^*,\ \xi) \leqslant 0,\ \forall \xi \in U,\ i=1,\ 2,\ \cdots,\ m\}$$

其中，$f(x^*,\ \xi)$为输出的真实值。该模型通过对鲁棒解和最优解条件下的系统绩效进行偏差修正，求得的鲁棒解可以降低保守性。

（3）均值方差模型。在均值方差模型中，为了有效地缩小不通过情境下目标函数值之间的差异，达到平均利益最大化或者平均成本最小化的目的，通常通过均值、方差、标准差及其他方法来调整目标函数值在可行解范围内的分布。均值方差模型的表达式如下：

$$\min \sum_{s \in S} p_s \cdot Z_s(x) + \sum_{s \in S} p_s \cdot [Z_s(x) - \sum_{s \in S} p_s \cdot Z_s^*(x)]^2$$
$$\text{s.t.}\quad x \in X$$

在上述模型中，第一项表示所求问题的平均成本，即期望值，第二项表示所求问题的不确定性影响因素对目标函数值的影响降到最低。

三、鲁棒优化模型框架

常用的鲁棒优化模型框架有基于情景分析的鲁棒优化模型和基于区间分析的鲁棒优化模型。基于情景分析的鲁棒优化模型由马尔维等（Mulvey et al.）提出，运用已知概率分布的离散情景描述参数不确定性；基于区间分析鲁棒优化模型有两种，分别由木塔尔、内米罗夫斯基和贝蒂西马斯、西姆（Ben - Tal、Nemirovski & Bertsimas、Sim）提出，此方法将不确定性描述为一个对称的有界区间，其优势是不必了解不确定性参数的概率分布函数，但是不能提供每种不确定情景下的优化结果。

以下主要介绍马尔维等（Mulvey et al.）提出的基于情景分析的鲁棒优化模型以及贝蒂西马斯、西姆（Bertsimas、Sim）提出基于区间分析鲁棒优化模型。

（1）基于情景分析的鲁棒优化模型。

对于以下线性规划：

$$\min ax + by$$

$$\text{s. t.} \quad \begin{cases} Cx = d \\ Ex + Fy = g \\ x, \ y \geqslant 0 \end{cases}$$

在上式中，a，b，C，d，E，F，g 是定义模型的参数，$Cx = d$ 是该模型的设计约束，$Ex + Fy = g$ 是该模型的控制约束，设计约束不受任何不确定变量的影响，控制约束受到不确定变量的影响，x 的最优值是不依赖不确定参数的，而 y 为控制变量，会受到不确定性参数的影响。

为了更好地定义以上线性规划问题的鲁棒优化问题，做出如下假设：$ps = \{1, 2, 3, \cdots, s\}$ 表示不确定参数的情景集合，每个情景发生的概率为 p，且 $\sum_{s \subset ps} p_s = 1$。$\{E_s, F_s, g_s, b_s\}$ 为在情景 s 下，上述线性规划问题的控制约束和目标约束系数的实现集合。

从上述线性规划问题的解的性质可知，其最优解是具有鲁棒性的，如果某一特定情景下的最优解是其他任何 $s \in ps$ 情景下的可行解，则认为该线性规划模型具有鲁棒性。但是，一个线性规划模型在任何情景 s 下，其解未必能够保持上述最优且可行的条件。因此，在对一个线性规划的鲁棒模型进行求解时，需要同时满足其解的鲁棒性和模型的鲁棒性。

令 $\{y_1, y_2, \cdots, y_s\}$ 为任意情景 s 的控制变量，但是由于在任意给定的情景 s 下，控制约束不一定都可以满足，因此，需要引入误差变量 $\{e_1, e_2, \cdots, e_s\}$ 来度量情景 $s \in ps$ 下控制约束中的不可行性。

得到以下形式的鲁棒优化模型：

$$\min \sigma(x, y_1, y_2, \cdots, y_s) + \omega\rho(e_1, e_2, \cdots, e_s)$$

$$\text{s. t.} \quad \begin{cases} Cx = d \\ E_s x + F_s y = g_s \\ x, \ y_s \geqslant 0 \end{cases}$$

上述模型中，目标函数第一项表示解的鲁棒性，第二项表示模型的鲁棒性。在设定可行性罚函数 $\sigma(x, y_1, y_2, \cdots, y_s)$ 和 $\rho(e_1, e_2, \cdots, e_s)$ 用来惩罚控制约束的偏差时，有多种模型与方法可供选择。

采用遗憾模型来表示选择惩罚函数 4.7，即将最优解的目标函数值与可行解的目标函数值之差（相对差值或绝对差值）用情景遗憾值来度量。对于上式中的目标函数，假设 Z_s^* 为情景 s 下的最优目标函数值，即：

$$Z_s^* = \min\sigma(x, y_1, y_2, \cdots, y_s) + \omega\rho(e_1, e_2, \cdots, e_s)$$

假设情景 s 下可行解 X 所对应的目标函数为 $Z_s(X)$，即：

$$Z_s^*(X) = \min\sigma(x, y_1, y_2, \cdots, y_s) + \omega\rho(e_1, e_2, \cdots, e_s)$$

现令遗憾值限定系数 $\omega \geqslant 0$，对于任意情景 $s(\forall s \in S)$ 有：

$$\frac{Z_s(X) - Z_s^*}{Z_s^*} \leqslant \omega$$

此时，令目标函数为：

$$\min p_s[\sigma(x, y_1, y_2, \cdots, y_s) + \omega\rho(e_1, e_2, \cdots, e_s)]$$

上式即表示鲁棒优化问题的惩罚函数，其中 p_s 为情景 s 发生的概率。所以，原问题的鲁棒优化模型为：

$$\min p_s[\sigma(x, y_1, y_2, \cdots, y_s) + \omega\rho(e_1, e_2, \cdots, e_s)]$$

$$\text{s.t.} \begin{cases} Cx = d \\ E_s x + F_s y = g_s \\ \dfrac{Z_s(X) - Z_s^*}{Z_s^*} \leqslant \omega \\ x, y_s \geqslant 0, \ \forall s \end{cases}$$

其中 $Z_s(X) - Z_s^*$ 称为绝对遗憾值，$\dfrac{Z_s(X) - Z_s^*}{Z_s^*}$成为相对遗憾值。

根据以上述可知，一个线性规划问题可能存在多个鲁棒解，在决策时应该选择性能最佳的鲁棒解，上述模型则可以从众多鲁棒解中得到最佳的鲁棒解。

（2）基于区间分析的鲁棒优化模型。贝蒂西马斯和西姆（Bertsimas & Sim）针对本塔尔等（Ben - Tal et al.）的鲁棒模型的缺点，提出了一种新的基于区间分析的鲁棒优化模型。

考虑下面的线性优化问题：

$$\max c'x$$

$$\text{s.t.} \begin{cases} Ax \leqslant b \\ l \leqslant x \leqslant u \end{cases}$$

设数据的不确定性仅对矩阵 A 中的元素产生影响，目标函数中决策变量的系数不受干扰。

一般目标 $\max z$ 可通过增加条件 $z-c'x\leqslant 0$ 将条件包括在 $Ax\leqslant b$ 中。

运用基于区间分析的方法对数据的不确定性进行描述。考虑矩阵 A 的行 i，用 J_i 表示第 i 行中具有的不确定系数集合。对于任意的 a_{ij}，$j\in J_i$，都可以表示成一个在 $[a_{ij}-\overline{a_{ij}}, a_{ij}+\overline{a_{ij}}]$ 的对称区间上取值的随机变量 $\tilde{a_{ij}}$，$j\in J_i$。定义随机变量 $n_{ij}=\dfrac{\tilde{a_{ij}}-a_{ij}}{\overline{a_{ij}}}$，则有 n_{ij}在 $[-1, 1]$ 上取值并且服从未知对称分布。

贝蒂西马斯和西姆（Bertsimas & Sim）基于上述模型，对于任意一个约束 i 引进一个参数 Γ_i，Γ_i 在 $[0, |J_i|]$ 内取值，Γ_i 的作用就是灵活调节接的保守性水平。由于 a_{ij}，$j\in J_i$ 中所有的参数不可能都是不确定的，让不确定参数 a_{ij}，$j\in J_i$ 中的$\lfloor\Gamma_i\rfloor$（大于 Γ_i 的最小整数）个在区间 $[a_{ij}-\overline{a_{ij}}, a_{ij}+\overline{a_{ij}}]$ 内变化，其余在$[a_{ij}-(\Gamma_i-\lfloor\Gamma_i\rfloor)|\overline{a_{ij}}|, a_{ij}+(\Gamma_i-\lfloor\Gamma_i\rfloor)|\overline{a_{ij}}|]$内变化，这样就可以保证卢邦杰是可行的。当不确定参数超过$\lfloor\Gamma_i\rfloor$个变化时，得到可行的鲁棒解得概率也很高。

贝蒂西马斯和西姆（Bertsimas & Sim）的非线性鲁棒优化模型如下：

$$\max c'x$$

$$\text{s.t.}\quad \sum_j a_{ij}x_j+\max_{\{S_i\cup\{t_i\}\,|\,S_i\subseteq J_i,\,|S_i|=\lfloor\Gamma_i\rfloor,t_i\in J_i\setminus S_i\}}\Big\{\sum_{j\in S_i}\overline{a_{ij}}y_j+(\Gamma_i-\lfloor\Gamma_i\rfloor)\overline{a_{it_j}}y_{t_j}\Big\}\leqslant b_i,\forall i$$

$$-y_j\leqslant x_j\leqslant y_j$$

$$l\leqslant x\leqslant u$$

$$y\geqslant 0$$

将上述模型转化为线性模型，得到：

$$\max c'x$$

$$\text{s.t.}\quad \sum_j a_{ij}x_j+z_i\Gamma_i+\sum_{j\in J_i}p_{ij}\leqslant b_i,\forall i$$

$$z_i+p_{ij}\geqslant\overline{a_{ij}}y_j\quad \forall i,\ j\in J_i$$

$$-y_j\leqslant x_j\leqslant y_j\quad \forall j$$

$$l_j\leqslant x_j\leqslant u_j\quad \forall j$$

$$p_{ij}\geqslant 0\quad \forall i,\ j\in J_i$$

$$y_j\geqslant 0\quad \forall j$$

$$z_i\geqslant 0\quad \forall i$$

第九节 不确定条件下闭环供应链鲁棒优化研究

大量的最新研究表明，闭环供应链的不确定性已经严重阻碍了闭环供应链的发展[210]。随着鲁棒优化理论不断发展和完善，国内外学者开始将鲁棒优化方法应用到供应链领域，对于正向物流的不确定性问题已取得一定的研究成果，但是对于闭环供应链的不确定性问题研究仍处于探索阶段。

很多学者对闭环供应链中的单一不确定因素进行研究。徐家旺等（2008）用已知概率的离散情景描述需求不确定性，用基于情景分析的鲁棒优化方法构建模型[211]。在此基础上，徐家旺还研究了回收率不确定的闭环供应链鲁棒优化模型[212]。舍甫申科和王（Shevtshenko & Wang）提出了一种基于不精确概率的鲁棒决策方法，利用区间概率鲁棒贝叶斯网络来估计概率推理中的不精确后验概率[213]。哈特非和乔莱（Hatefi & Jolai）引入影响供需平衡的不确定性参数，基于鲁棒优化方法，建立了遗憾值模型[214]。萨法伊等（Safaei et al.）对于纸板回收问题建立了需求不确定下多个供应商和生产阶段的闭环供应链，并用一种混合整数线性规划模型来优化该网络，采用基于情景分析的鲁棒优化方法来处理需求不确定性[208]。阮等（Ren et al.）针对碳价格的预期和波动性设计了六种情景并对我国浙江省塑料供应链进行实证分析，结果表明触发建立逆向物流需要碳价格门槛大大超过当前水平[215]。

对于单一不确定性因素研究较少，根据闭环供应链运作的实际情况，大多数时候并不仅仅包含一种不确定因素，而是多种不确定性因素同时并存，因此，近年来对多种不确定性因素下的研究越来越多。埃斯拉米普等（Eslamipoor et al.）同时考虑了新产品和再制造产品的短缺和惩罚成本的不确定性，提出了一种基于不确定区间的具有两个不同需求流的鲁棒优化模型。在不同的问题中对确定性和鲁棒优化模型的结果进行对比，证明所提出的方法更优[216]。陈等（Chen et al.）考虑到市场规模、回收量以及质量不确定性提出了一个两阶段随机闭环供应链设计模型，并用随机规划的方法解决不确定性问题[217]。马等（Ma et al.）提出了一个鲁棒的多目标混合整数非线性规划模型来处理闭环供应链，同时考虑了供应链的成本参数和需求不确定性[206]。穆罕默德等（Mohammed et al.）提出了一种鲁棒优化模型来解决考虑碳足迹的多周期、多产品的闭环供应链的需求和回报不确定性，最后优化了供应链总成本和碳排放量，来缓解气候变化和温室气体排放[207]。闵等（Min et al.）提出了一种基于模态区间的方法来表示闭环供应链产品质量的不确定性，在博弈论的框架下，建立了具有多维逆向通道的再生产商主导的闭环供应链模型。与传统方法进行比较后，验证了所提出的基于模态区间的方法的有效性，证实了模态区间法具有鲁棒性[218]。赵等（Zhao et al.）在考虑需求和二氧化碳的排放率不确定性以及二者的潜在风险情况下，设计了一个绿色闭环供应链，并设计了一种算法来解决0~1混合整数双目标编程[219]。艾马代和卓法勒斯（Almaraj & Trafalis）以成本最小化为目标建立了一个多阶段、多周期的闭环供应链模型，该模型考虑了多种不确定因素下的不完全质量生产，并基于盒子不确定性集、多面体不确定性集、混合区间多面体的不确定性集设计了三种鲁棒优化模型，最后进行了算例分析[220]。

值得注意的是，哈特非和克瓦守库等（Hatefi & Keyvanshokooh et al.）在对不确定性研究时，一部分不确定性用情景法来表示，另一部分用区间法来表示[214,221]。

第十节　文献述评

本章围绕该书研究的问题，对产品生命周期、低碳供应链、闭环供应链、双渠道供应链网络、双渠道低碳供应链等、双渠道闭环供应链等理论研究的现状进行了梳理和综述，通过整合低碳供应链网络的研究现状，发现在低碳背景下，双渠道供应链网络设计优化及影响研究处于初步探索阶段，无论是问题的数学模型还是求解方法都缺乏系统深入的研究。

总结上述文献，低碳环境下双渠道供应链网络设计优化及影响问题取得一定的研究成果，但仍有待深入研究，主要体现在以下五个方面。

（1）大部分的文献仅考虑了传统销售渠道下产品不同生命周期阶段需求的变化，没有将网络销售渠道考虑其中。忽视了双渠道给供应链生命周期系统在成本、运作、管理带来的影响。这也是现存文献中对供应链设计的研究中存在的重要局限。目前，大部分工厂采取网络与传统销售渠道相结合的方式进行产品销售，仅按照传统销售渠道设计得到的供应链网络结构，往往不能适应实际需求的变化，或者说在实际运营中无法体现供应链网络设计的优越性。因此，决策者需要在进行供应链网络设计优化时，考虑双渠道问题，从而优化供应链整体结构。

（2）现有文献多是从定性角度提出一般产品生命周期阶段特征与供应链

类型的匹配关系，很少在定量研究中考虑产品的动态需求特征，忽略了供应链运作模式的阶段性差异及网络设计的整体优化。本书正是针对上述那些研究的局限性，根据产品生命周期不同阶段特征，分别构建投入期、成长期、成熟期的双渠道供应链网络设计优化模型与各阶段的动态时间响应方程，同时开发出合适的算法进行数值仿真工作。

（3）现有文献中对于双渠道下闭环供应链网络设计问题的研究，主要集中于政府补贴政策、双渠道回收模式、第三方回收模式等方面，但是在低碳减排方面较少涉及。此外，虽然大部分文献单独研究了碳排放交易、碳税与供应链网络设计问题，在检索的文献中，尚没有学者研究碳排放交易及碳税对供应链网络设计的影响关系。而且在低碳经济下需要充分考虑电子商务模式与传统模式供应链各环节的碳排放差异，使得供应链网络设计问题更为复杂。

（4）大部分文献只考虑确定性环境。上述国内外研究文献中，在进行供应链的优化设计时，大多假设供应链所处的环境是确定的，没有考虑众多不确定性因素，忽视了不确定性给供应链系统在成本、运作、管理带来的不良后果。在不考虑不确定性的情况下，优化设计得到的供应链网络结构，往往不能适应实际需求的变化。少量考虑不确定性的文献中在不确定性的描述上存在局限性。以对需求不确定性的描述为例，现存文献中，需求的不确定性常常通过概率分布的形式描述。然而，这种描述方法存在局限性。

（5）现有文献中鲜有研究考虑碳排放量的双渠道下闭环供应链网络设计与鲁棒优化问题的。双渠道供应链网络结构更为复杂，供应链管理策略也存在较大差异，而且在低碳经济下需要充分考虑电子商务模式与传统模式供应链各环节的碳排放差异，使得供应链网络设计与鲁棒优化问题更为复杂。

因此，本书针对上述局限性进行一一研究，构建双渠道供应链网络优化模型并开发合适的算法进行应用。

第三章

基于预售服务的双渠道供应链网络设计优化研究

第一节　问题描述与说明

本书选取的供应链分销网络由以下三个部分组成：工厂、分销中心与市场。产品销售方式采用传统销售渠道与网络销售渠道，同时提供产品预售管理模式，实现了对顾客需求预测的良好效果，因此本章基于预售模式进行双渠道供应链网络设计优化管理[222]。首先，工厂将产品信息发布在网络平台中并进行预售管理，约定预售期限与交货日期。顾客确认订单后，工厂可以利用顾客提交的订单信息使用网络平台提供的供应链金融服务，同时通过此服务获得的资金进行产品生产。由于网络平台在线运营商家众多，竞争激烈，因此预售管理服务需要增加在品牌推广与搜索排名等方面的资金投入。为此，本书在预售阶段建立的需求函数包含产品的广告宣传费用。不管是传统销售渠道还是网络销售渠道，销售出去的货物发生退货的概率是相同的。因此，可以假设网络销售渠道的退货量占总退货量的比例与其销售量占总销售量的比例相等。总销售量等于未投入网络分销中心之前的所有零售商需求量之和，总退货量等于未投入网络分销中心之前的所有零售商退货量之和。且由于假设网络销售渠道的退货成本由顾客承担，因此不考虑网络销售渠道的退货成本，仅有考虑传统销售渠道的退货成本。当产品预售阶段结束，产品则进入正常的销售阶段。产品正常销售阶段分为网络销售渠道与传统销售渠道。网络销售渠道可增加商家与顾客的互动交流；传统销售渠道通常采用额外服务溢价方式吸引顾客消费，开发目前市场潜力。

网络销售渠道中工厂根据产品预售阶段需求量预估正常阶段产品需求量从

而进行提前生产，已生产的产品储存在工厂仓库中。工厂将在网络销售渠道的产品物流承包给第三方，第三方物流企业主要开展产品的运输工作。而传统销售渠道采取自营物流的方式开展产品运输工作，这种销售方式有助于增强工厂对整条供应链的销售控制权，有利于在市场与工厂间搭建良好的长期合作关系。在传统销售渠道模式中，工厂为提高产品对顾客的响应速度率先在全国范围内设立产品分销中心，之后由各地的分销中心对市场中的零售商店进行配送货。可以发现，开展预售管理的供应链分销结构与正常销售阶段的网络设计优化具有显著不同。因此，本章针对预售服务下产品的顾客需求、生产成本和不同销售渠道的运送模式，以运输量、生产量、库存量等作为决策变量构建产品双渠道供应链的混合整数规划模型。

第二节　模型假设与参数

一、模型假设

（1）工厂的生产能力小于其最大生产量；工厂仓库的库存能力受库存最大存储能力约束；各阶段物流配送量受物流运输能力约束。

（2）传统销售渠道应经配送中心、传统分销商再运送至市场，然后由市场中的零售商销售给顾客；市场中各个零售商可以从各处配送中心根据实际需要进行配送货；网络销售渠道的货物应由配送中心经网络分销商运送至顾客手中。

（3）传统销售渠道均需满足一定概率分布的随机需求，网络销售渠道将会分取部分随机需求，分流的集体数额由顾客对于不同销售渠道的偏好得出。

（4）市场中每个零售商均会面临产品退货的情况，退货量符合一定的概率分布，网络销售渠道的退货费用由顾客自行承担，而传统销售渠道的退货费用由分销中心提供。

二、模型参数

（1）上下标符号及描述。

M：产品销售市场集合，$M=\{1,\ 2,\ \cdots,\ m,\ \cdots,\ a\}$

D：成品存储的分销中心集合，$D=\{1，2，\cdots，d，\cdots，b\}$

F：生产工厂集合，$F=\{1，2，\cdots，f，\cdots，c\}$

W_f：半成品存储仓库集合，$W_f=\{1_f，2_f，\cdots，W_f，\cdots，d_f\}$，$f\in F$

A：分销渠道的选择，$a=1$ 为网络渠道销售，$a=2$ 为传统渠道销

（2）能力参数符号及描述。

A_f：工厂 f 最大生产能力

B_d：分销中心 d 存储能力

C_{w_f}：工厂仓库 w_f 的储存能力

Q_{2m}：为传统销售渠道市场中零售商订购的产品数量

（3）需求参数符号及描述。

D_{am}：不同市场 m 的需求量

D_{1m}：为网络渠道对市场 m 的最大需求量

D_{2m}：为传统渠道对市场 m 的最大需求量

P_{am}：产品销售价格

P_{1m}：网络渠道市场 m 的价格

P_{2m}：传统渠道市场 m 的价格

d_f：为正常销售阶段工厂 f 的基础需求

d_f^0：工厂 f 网络预售需求量

d_{0f}：工厂 f 预售阶段的基础需求

ε_f：预售期为吸引顾客对工厂 f 进行网络广告宣传的可变费用

ε_{0f}：预售期为吸引顾客对工厂 f 进行网络广告宣传的固定费用

λ：价格弹性系数，$\lambda=2$

μ：交叉价格弹性系数，$\mu=1$

θ_1：预售阶段价格弹性系数（$2\leqslant\theta_1\leqslant3$）

θ_2：预售阶段广告宣传需求的弹性系数

∂：产品在网络分销渠道市场份额，$0<\partial<1$，$\partial=0.4$，$1-\partial=0.6$

β_{1m}：表示网络渠道在终端市场 m 所占份额

β_{2m}：表示传统渠道在终端市场 m 所占份额

η：表示平均库存系数，$\eta=0.5$

$\aleph_f$：为网络销售渠道产品基础需求量与网络预售量的比例

ψ：表示工厂平均存货系数，$\psi=0.5$

（4）费用参数符号及描述。

r_f：为工厂 f 固定生产成本

ν_f：为工厂 f 单位产品生产成本

s_d：为分销中心 d 单位产品存储成本

ν_{fd}：为单位产品由工厂 f 到分销中心 d 的运输成本

ν_{dm}：为单位产品由分销中心 d 到市场 m 的运输成本

ν_{fm}：为单位产品由工厂 f 到市场 m 的运输成本

（5）时间参数符号及描述。

L_f：为工厂单位 f 产品的生产工时

L_{fm}：表示产品 f 从工厂配送到市场 m 的单位运输时间

L_{fd}：表示产品从工厂配送 f 到分销中心 d 的单位运输时间

ω_{1m}：表示网络渠道工厂承诺给终端客户的交货期

ω_{2m}：表示传统渠道市场 m 零售商获得工厂产品承诺的交货期

（6）决策变量符号及描述。

σ_{am}：为市场 m 的缺货量

σ_{1m}：为网络渠道市场 m 的缺货量

σ_{2m}：传统渠道中工厂产品在市场 m 的缺货量

x_f：为工厂 f 产品实际成产量

u_d：为产品在分销中心 d 的存储量

z_{fd}：为产品从工厂 f 到分销中心 d 的运输量

f_{dm}：为产品从分销中心 d 到市场 m 的运输量

y_{fm}：为产品从工厂 f 到市场 m 的运输量

第三节　双渠道供应链模型构建

一、需求函数

预售阶段产品的需求函数除受产品价格影响外还受相关品牌推广与网站平台搜索排名影响。所以，利用市场需求函数[223]，由产品预售管理销售阶段的基础需求量减去顾客对产品需求的反向变动量，同时加上在预售阶段工厂花费的广告宣传成本。在预售管理阶段，顾客对产品的价格敏感性要显著强于产品的正常销售阶段。因此，在预售模式中的价格弹性系数 θ_1 取值为 3；预售管理阶段在广告宣传上的弹性系数 θ_2 取值为 10。因此，根据以上信息得出预售阶段产品的需求函数为：

$$d_f^0 = d_{0f} - \theta_1 p_{1m} + (\theta_2 \varepsilon_f + \varepsilon_{0f}) \tag{3-1}$$

在开始正式销售阶段的需求函数主要分为网络销售渠道与传统销售渠道两种模式，分别针对不同销售渠道的特征与销售价格等内容[224-225]分别确定以下需求函数，其中式（3-2）为网络销售渠道需求函数；式（3-3）为传统销售渠道需求函数：

$$D_{1m} = \partial d_f - \lambda p_{1m} + \mu p_{2m} \tag{3-2}$$

$$D_{2m} = (1-\partial) d_f - \lambda p_{2m} + \mu p_{1m} \tag{3-3}$$

二、模型设计

考虑产品在不同销售渠道的各个成本，以利润最大化为最终目标。生产成本由产品生产的可变成本与固定成本共同组成；运输成本主要由三部分构成，分别为：工厂—市场；工厂—分销中心；分销中心—市场。储存成本主要指货物在工厂与分销中心进行存储时产生的费用；预售成本是指预售宣传期广告宣传所产生的单位可变费用与固定费用两部分构成。

莫将涛指出产品的退货量依靠销售量与价格的双重因素影响，产品开始销售工作时，Q_m 和 p_{2m}分别是市场对产品的定购量与销售价格[226]。分销中心允许顾客在保证产品完好无缺的前提下进行退货，货物经过退货环节将不再进行销售，顾客的退货价格为ϖp_{2m}，ϖ的取值范围为 $0<\varpi\leqslant 1$。零售商对产品的期望出售量为 $S(Q_m, p_{2m}) = E[\min(Q_m, D_{2m})]$，未售出产品的期望剩余量为 $I(Q_m) = Q_m - S(Q_m, p_{2m})$，顾客进行退货后销售量与出售价格分别为：$R(Q_m, p_{2m}) = E[\xi \min(Q_m, D_{2m}) + \zeta p_{2m}] = \xi S(Q_m, p_{2m}) + \zeta p_{2m}$。本书在张雷构建的双渠道网络设计模型的基础上加入预售与退货方程[222]，从而得出以下基于预售服务的双渠道供应链利润最大化目标函数：

$$\begin{aligned}\max H = & \sum_{a\in A}\sum_{m\in M} P_{am}(D_{am} - \sigma_{am}) - \sum_{f\in F} x_f(\nu_f + r_f) - \sum_{d\in D} u_d s_d \\ & - \sum_{f\in F}\sum_{d\in D} z_{fd}\nu_{fd} - \sum_{d\in D}\sum_{m\in M} f_{dm}\nu_{dm} - \sum_{f\in F}\sum_{m\in M} y_{fm}\nu_{fm} - \sum_{f\in F}(\varepsilon_f d_f^0 + \varepsilon_{0f}) \\ & - \sum_{a\in A}\sum_{m\in M} \varpi p_{2m}\{\xi E[\min(Q_m, p_{2m})] + \zeta p_{2m}\}\end{aligned} \tag{3-4}$$

三、不同渠道产品时间响应方程

当产品由预售模式进入正常销售阶段，顾客选择在网站平台订购产品，产品将从工厂仓库由第三方物流企业直接发往顾客手中，同时工厂承诺给顾客的交货时期普遍较短。因此，在产品进入正常销售时期后网络销售渠道时间约束模型如下：

$$\sum_{f \in F}(L_f + L_{fm})x_f \leqslant \omega_{1m},\ m \in M \tag{3-5}$$

产品在传统渠道下的销售模式是由工厂首先将产品发往分销中心，分销中心接收货物后再将产品配送到相应的零售商。因此，在产品进入正常销售时期的传统销售渠道时间约束模型如下：

$$\sum_{f \in F} L_f x_f + \sum_{f \in F}\sum_{d \in D} z_{fd} L_{fd} + \sum_{d \in D} f_{dm} L_{dm} \leqslant \omega_{2m},\ m \in M \tag{3-6}$$

四、产品缺货量模型

产品在网络销售渠道下若产品供不应求将导致缺货现象的发生，$(D_{1m} - \sigma_{1m})$ 为网络渠道产品需求量 - 产品缺货量，产品缺货量模型如下式：

$$q_m = \beta_{1m}(D_{1m} - \sigma_{1m}),\ m \in M \tag{3-7}$$

产品在传统销售渠道若产品供不应求将导致缺货现象的发生，$(D_{2m} - \sigma_{2m})$ 为传统渠道产品需求量 - 产品缺货量，产品缺货量模型如下式：

$$\sum_{d \in D} f_{dm} = \beta_{2m}(D_{2m} - \sigma_{2m}),\ m \in M \tag{3-8}$$

五、产品销售量模型

产品通过网络销售渠道进行销售时，产品的销售量与其不同阶段的运输量符合以下逻辑关系：

$$\sum_{f \in F} y_{fm} = q_m,\ m \in M \tag{3-9}$$

当产品由网络销售渠道与传统销售渠道共同开展营销工作时，产品的整体生产量与两种销售渠道的销售量符合以下逻辑关系：

$$\sum_{d \in D} z_{fd} + \sum_{m \in M} y_{fm} = x_f,\ f \in F \tag{3-10}$$

分销中心平均存储量与入库量守恒约束如下式

$$u_d = \eta \sum_{f \in F} z_{fd},\ d \in D \tag{3-11}$$

六、预售需求限制约束

对产品开展预售服务有助于工厂根据预售情况估算产品进入正常销售时期的顾客需求量，当产品进入正常销售时期的网络销售渠道的顾客需求量与预售时期的顾客需求量具有以下关系：

$$\partial d_f = \aleph_f d_f^0,\ f \in F \tag{3-12}$$

当产品进入正常销售时期，传统销售渠道中顾客需求量与预售时期的顾客需求量具有以下关系：

$$(1-\partial)d_f = \frac{1-\partial}{\partial}\aleph_f d_f^0,\ f \in F \tag{3-13}$$

产品在传统销售渠道中顾客的需求量与工厂到分销中心的运输量具有以下关系：

$$\sum_{f \in F}\sum_{d \in D} z_{fd} = \sum_{m \in M}(D_{2m} - \delta_{2m}) \tag{3-14}$$

工厂生产能力约束如下式

$$x_f \leqslant A_f,\ f \in F \tag{3-15}$$

工厂存储能力约束如式（3-16）

$$x_f - \psi\left(\sum_{d \in D} z_{fd} + \sum_{m \in M} y_{fm}\right) \leqslant C_{w_f},\ f \in F \tag{3-16}$$

分销中心存储货物时应符合以下条件：

$$u_d \leqslant B_d,\ d \in D \tag{3-17}$$

各决策变量应符合以下条件：

$$\begin{gathered} x_f,\ \delta_{am},\ q_m,\ z_{fd},\ g_{dm},\ u_d,\ y_{fm} \geqslant 0 \\ f \in F,\ d \in D,\ m \in M,\ a \in A \end{gathered} \tag{3-18}$$

第四节　数值仿真

本节数据仿真阶段参考文献[27,227-228]进行数值模拟工作。某企业的基本信息：该产品的供应链销售网络由3个工厂、2个分销中心和3个消费市场共同组成。工厂最大生产量$A_f = 400\ 000$件；每个工厂进行货物存储的最大能力为$C_{w_f} = 200\ 000$件；每个分销中心进行货物存储的最大能力为$B_d = 150\ 000$件；传统销售渠道中企业所占的市场份额为$1-\partial = 0.6$，网络销售渠道比例为$\partial =$

0.4；网络销售渠道进行市场分配的比例分别为β_{1m}：0.5、0.3、0.2；而传统销售渠道为β_{2m}：0.2，0.3，0.5；在产品开始预售管理，工厂承诺给顾客的交货日期为800小时；当产品进入正常销售渠道，在网络销售渠道下工厂承诺给顾客的交货日期为$\omega_{1m}=700$小时；而传统销售渠道为$\omega_{2m}=1\,500$小时；$\lambda=2$，$\mu=1$；工厂与分销中心的平均存货系数分别为$\psi=0.5$，$\eta=0.5$；分销中心1的储存成本为$s_d=12$元，分销中心2的储存成本为10元；销售市场中零售商对产品的订货量分别为：40 000件，25 000件，15 000件；$\aleph_f=20$，10，10；$\varpi=1$，$\xi=0.1$，$\zeta=0.5$（见表3-1、表3-2）。

表3-1　　工厂制造商产品的相关系数

指标	工厂1	工厂2	工厂3
产品f可变单位宣传费用ε_f（元）	14	14	15
产品f固定宣传费用ε_{0f}（元）	120	80	60
预售阶段工厂的基础需求d_{0f}（元）	2 500	2 000	1 500
正常销售阶段工厂的基础需求d_f（元）	50 000	20 000	15 000
网络渠道销售价格p_{1m}（元）	110	200	290
传统渠道销售价格p_{2m}（元）	120	220	330
产品f可变单位生产费用ν_f（元）	120	150	170
产品f固定生产费用r_f（元）	200	250	300
网络渠道单位产品缺货成本（元）	5	5	5
传统渠道单位产品缺货成本（元）	3	3	3

表3-2　　不同渠道下配送过程中的单位运费和单位运输效率

配送起止点		工厂产品1		工厂产品2		工厂产品3	
		单位运费/(元×件-1)	单位运输效率/(h×件-1)	单位运费/(元×件-1)	单位运输效率/(h×件-1)	单位运费/(元×件-1)	单位运输效率/(h×件-1)
传统渠道	f1-d1	5	0.0013	3	0.0012	4	0.0012
	f1-d2	4	0.0014	4	0.0013	3	0.0013
	f2-d1	3	0.0012	5	0.0014	2	0.0014
	f2-d2	5	0.0013	6	0.0013	5	0.0013
	f3-d1	4	0.0035	5	0.0029	3	0.0032

续表

配送起止点		工厂产品1		工厂产品2		工厂产品3	
		单位运费/(元×件－1)	单位运输效率/(h×件－1)	单位运费/(元×件－1)	单位运输效率/(h×件－1)	单位运费/(元×件－1)	单位运输效率/(h×件－1)
传统渠道	f3－d2	3	0.0026	4	0.0033	5	0.0027
	d1－m1	4	0.0014	4	0.0012	5	0.0016
	d1－m2	5	0.0010	3	0.0013	4	0.0015
	d1－m3	6	0.0013	2	0.0015	3	0.0018
	d2－m1	6	0.0015	2	0.0014	3	0.0014
	d2－m2	5	0.0013	3	0.0013	4	0.0015
	d2－m3	4	0.0012	4	0.0014	5	0.0014
网络渠道	f1－m1	7	0.0052	5	0.0057	7	0.0045
	f1－m2	5	0.0042	7	0.0034	8	0.0047
	f1－m3	6	0.0035	7	0.0043	8	0.0076
	f2－m1	6	0.0056	7	0.0045	8	0.0047
	f2－m2	5	0.0045	7	0.0057	9	0.0051
	f2－m3	7	0.0048	5	0.0042	10	0.0043
	f3－m1	3	0.0013	3	0.0014	5	0.0010
	f3－m2	2	0.0015	4	0.0015	6	0.0013
	f3－m3	2	0.0014	5	0.0014	6	0.0015

第五节　模型求解

一、预售模式下双渠道供应链网络设计优化求解结果

依据以上给出的数据信息，利用 lingo11.0 进行编程同时根据计算得出网络销售渠道与传统销售渠道的生产量、运输量、储存量如图 3－1 所示；缺货量如表 3－3 所示。

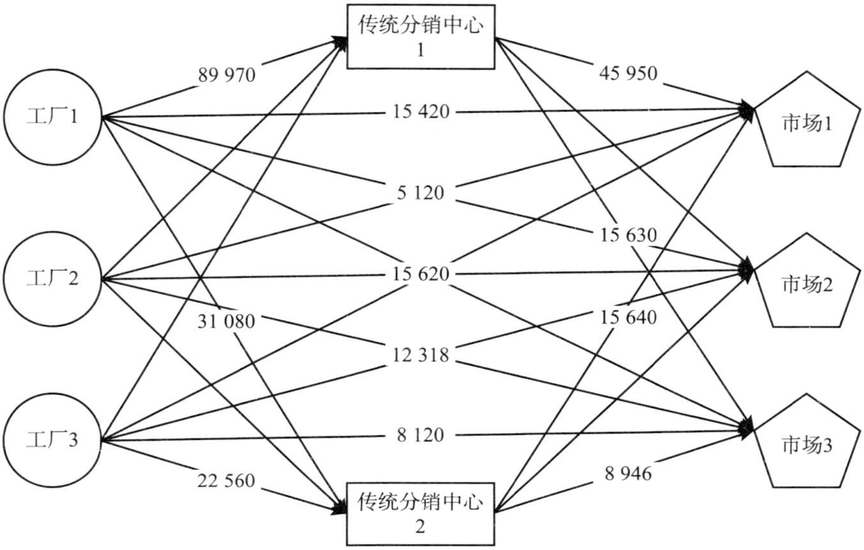

图 3-1 预售模式下双渠道供应链网络优化模型各决策变量的最优解

表 3-3 网络与传统渠道缺货量最优解

σ_{11}	σ_{12}	σ_{13}	σ_{21}	σ_{22}	σ_{23}
39 140	10	2	8	4	0

模型求解结果表明，产品在网络销售渠道中产品 1 显示出较大的缺货量，分析具体的原因为产品价格高且利润大时，工厂更倾向于传统销售渠道。一方面可以通过饥饿营销策略，刺激顾客对产品的吸引力与关注度，扩大营销利润；另一方面可以有效解决网络销售渠道带来的时滞问题。相比之下，工厂 2 与工厂 3 在网络销售渠道与传统销售渠道需求量平衡，对产品的缺货量较少，有效地实现了企业利润最大化与顾客对产品满意度的均衡。同时，对产品在网站平台上进行预售管理，有利于对顾客的需求量作出预测，能够有效地控制库存与缺货产生的成本。

二、预售与非预售模式下双渠道供应链网络分析

上节假设该模型中共有 3 个工厂、2 个分销中心与 3 个市场。如图 3-1 所示，图 3-1 为预售模式下双渠道供应链网络优化模型各决策变量的最优解，图 3-2 为非预售模式下双渠道供应链网络优化模型各决策变量的最优解。图

中标出各个路径的运输量、各工厂生产量、分销中心存储量与各市场销售量（见表3－4）。

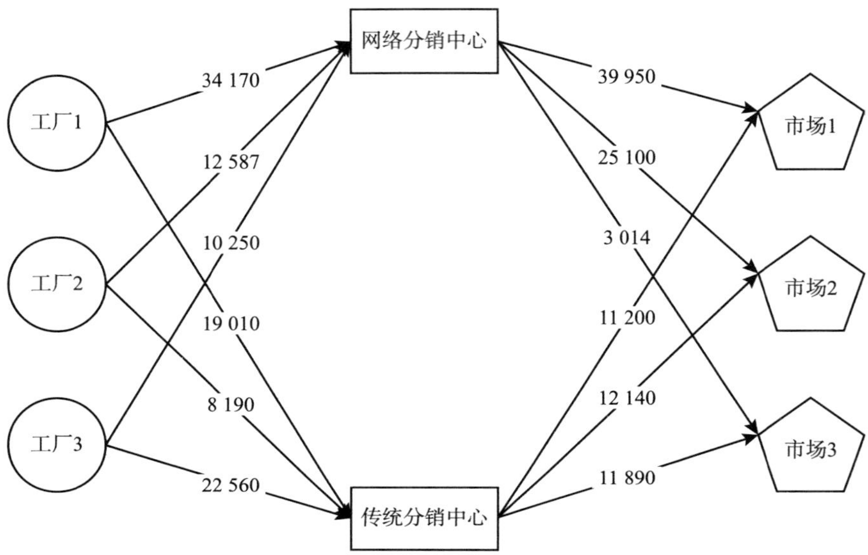

图3－2　非预售模式下双渠道供应链网络优化模型各决策变量的最优解

表3－4　　两种模式下各成本差异对比　　单位：元

模式	销售收入	缺货成本	生产成本	存储成本	运输成本
非预售	36 012 197	50 791	9 154 624	204 106	19 921 594
预售	36 951 487	5 064	9 104 121	62 910	10 481 621
差值	－939 290	45 727	50 503	141 196	9 439 973

从图3－1与图3－2可清楚地看出，预售模式下因为对顾客的需求量做出精准的预测，因此各个工厂的生产量均小于非预售模式下工厂生产量，从总量上看可有效减少生产量25 500件；同样预售模式不仅对工厂生产量的精准预测有积极作用，还对市场中零售商的订购量起到积极地预测作用，预售模式下3个市场中订购量分别为39 982件、13 440件、8 849件，分别比非预售模式下少2 600件、8 120件、3 610件。与之相反的是各个阶段的产品运输量则呈现出预售模式高于非预售模式的现象。这一点从表3－4可看出，网络销售渠道中存在的预售模式能够精准分析顾客需求从而为传统销售渠道的销售收入带

来积极影响，提前对顾客需求进行精准分析使工厂生产量接近真实的顾客需求量，从而有效地减少存储成本 141 196 元、缺货成本 45 727 元。缺货成本不仅造成企业收入损失，还降低顾客对企业的满意度，造成潜在客户量流失，同时由于信息共享节约生产成本 50 503 元。通过以上数据分析得出预售模式能够很好地控制产品库存，从而提高企业销售收入，增加企业总利润。

第四章

基于产品生命周期的双渠道供应链网络设计优化研究

第一节　问题描述与说明

在经济发展的背景下，探讨不同生命周期阶段中双渠道供应链网络设计优化问题。有针对性的分析产品在不同生命周期阶段的内部特征对整体供应链系统正常运行的影响，构建双渠道供应链网络设计优化模型。本研究所考虑的管理策略主要有：是否线上预售（导致生产模式不同），线上订单的退货方式（导致分销网络结构不同），产品的运输方式则主要分为企业自营物流与采用第三方物流两种形式。若采用自营物流方式则产品的单位运输成本、单位运输时间比第三方物流低，运输过程中所需的固定成本则高于第三方物流产生的费用。自营物流与第三方物流可以从指标上进行区别：自营物流运输成本低，建设成本和运营成本高，第三方物流则相反；自营物流配送时间短、服务态度好，因此会影响需求，可通过设定参数进行建模，后期进行数据对比分析。因此，根据是否线上预售与退货方式，将八种情景可归类为以下四种网络结构图（见图4－1至图4－4）。

因此本书研究以下八种情景：

（1）情景一：无线上预售，企业自营物流，线上订单由配送中心负责配送和退换货。

（2）情景二：无线上预售，企业自营物流，线上订单由传统分销商负责配送和退换货。

（3）情景三：无线上预售，第三方物流，线上订单由配送中心负责配送和退换货。

（4）情景四：无线上预售，第三方物流，线上订单由传统分销商负责配送和退换货。

（5）情景五：线上预售，企业自营物流，线上订单由配送中心负责配送和退换货。

（6）情景六：线上预售，企业自营物流，线上订单由传统分销商负责配送和退换货。

（7）情景七：线上预售，第三方物流，线上订单由配送中心负责配送和退换货。

（8）情景八：线上预售，第三方物流，线上订单由传统分销商负责配送和退换货。

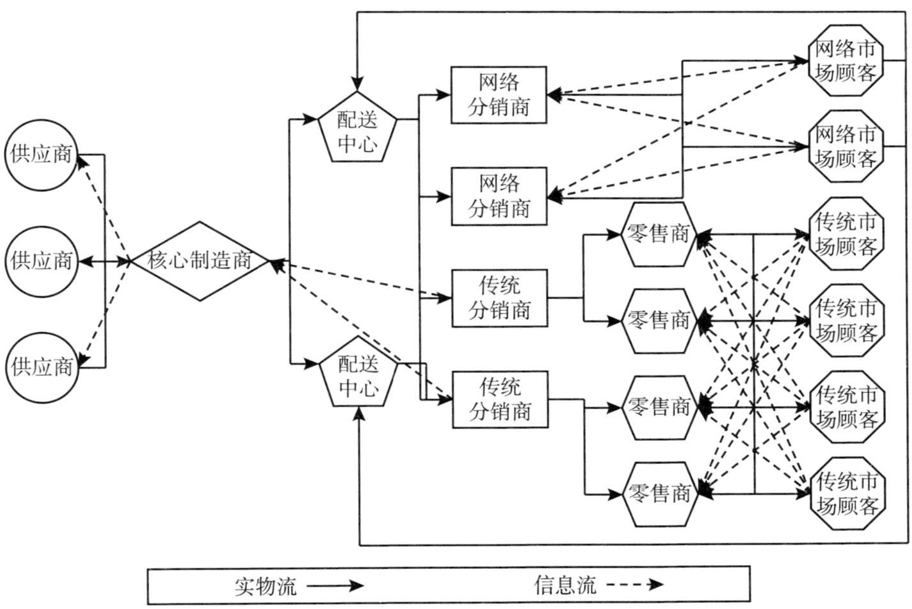

图 4－1　情景一网络结构

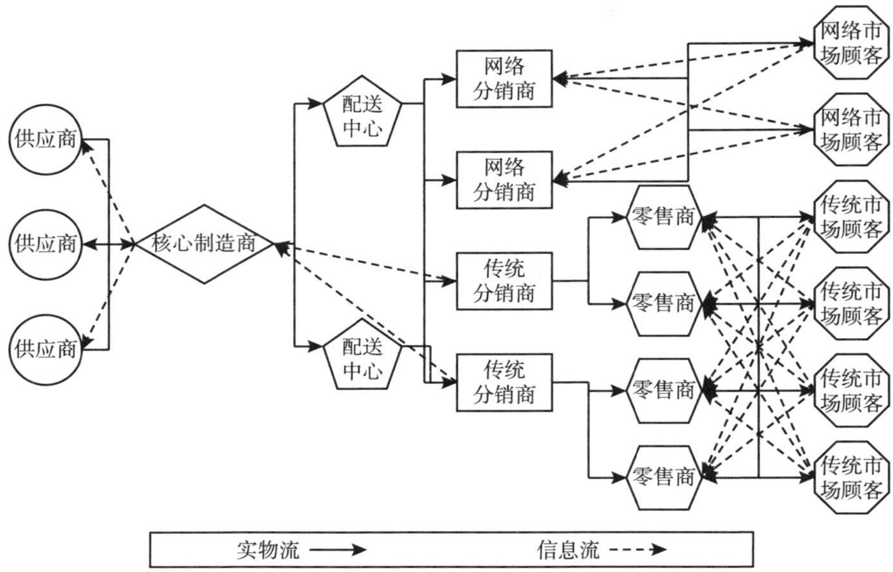

图 4-2　情景二网络结构

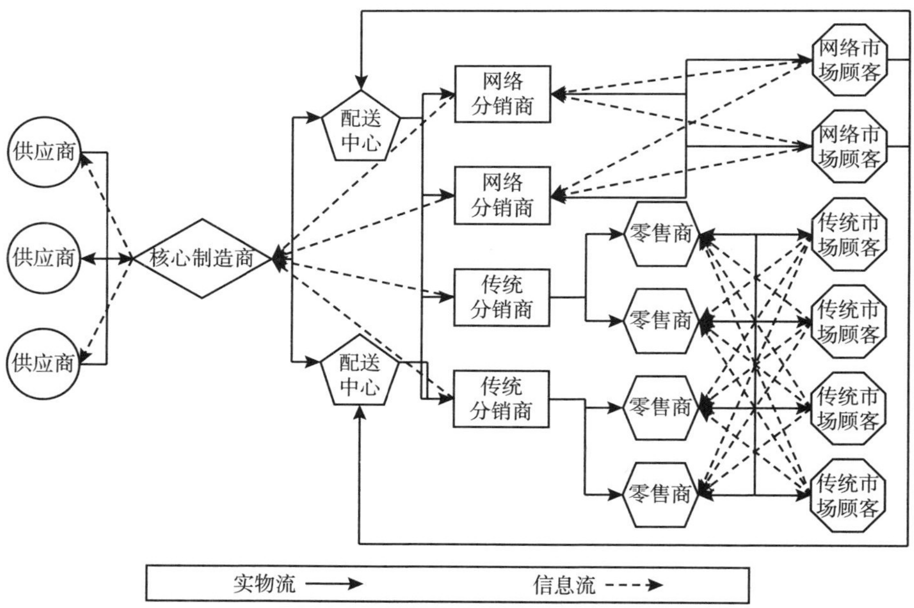

图 4-3　情景五网络结构

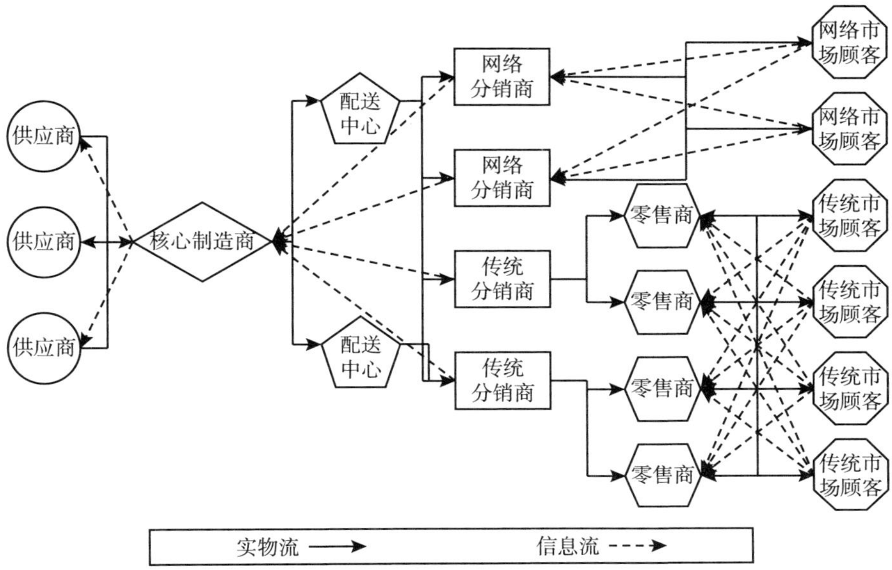

图 4－4　情景六网络结构

不同企业的产品生命周期生产模式往往不同：投入期，顾客需求不稳定，需求量少且不固定。因此，企业通常选用订单式的生产方式进行生产；成长期，工厂为了能够迅速响应顾客的需求信息同时降低在整个供应链管理过程中花费的成本，通常采用组装式的生产方式；成熟期，企业为了进一步迅速响应顾客需求的转变经常采用库存式的生产方式。根据产品生命周期理论，分别建立八种情形下投入、成长、成熟时期的双渠道供应链网络结构优化模型。考虑到衰退期企业的运营策略应该为降低产量，甚至放弃生产。因此，本书将主要针对投入期、成长期、成熟期三个时期展开研究。

第二节　模型假设与参数

（1）模型假设。

①本书假定产品每个生命周期分别包含不定数量个小周期；

②本书各个工厂受最大生产能力的约束，同时生产产品所用时间与产品的最终生产量呈线性关系；

③产品在生命周期相同阶段进行市场营销的价格为已知量，市场中零售商进行库存管理中花费在维持库存正常运行与固定的订货成本不计入其内；

④本书假定已知各个市场进行订货的时间间隔；

⑤本书假定供应链管理中所有决策内容均在一个周期内制定完成。

（2）模型参数。

①上下标符号及描述。

M：产品销售市场集合

D：成品存储的分销中心集合，$D=\{1, 2, \cdots, d, \cdots, b\}$

F：生产工厂集合，$F=\{1, 2, \cdots, f, \cdots, c\}$

W_f：半成品存储仓库集合，$W_f=\{1_f, 2_f, \cdots, W_f, \cdots, d_f\}$，$f\in F$

N：阶段集合，$N=\{1, 2, 3\}$

T_n：n 阶段内周期集合，$T_n=\{1, 2, \cdots, t, \cdots, t_n\}$

T^L：整个产品生命周期内的全部周期集合

A：分销渠道的选择，$a=1$ 为网络渠道销售，$a=2$ 为传统渠道销售

②能力参数符号及描述。

A_{ft}^n：为 n 阶段周期 t 工厂 f 最大生产能力

B_{dt}^n：为 n 阶段周期 t 分销中心 d 存储能力

$C_{w_f t}^n$：为 n 阶段周期 t 工厂仓库 w_f 的储存能力

Q_{2mt}^n：为传统销售渠道 n 阶段周期 t 市场中零售商订购的产品数量

③需求参数符号及描述。

D_{amt}^n：为 n 阶段周期 t 对市场 m 的最大需求量

D_{1mt}^n：为 n 阶段周期 t 网络渠道对市场 m 的最大需求量

D_{2mt}^n：为 n 阶段周期 t 传统渠道对市场 m 的最大需求量

P_{amt}^n：为 n 阶段周期 t 产品销售价格

p_{1mt}^n：为 n 阶段周期 t 网络渠道市场 m 的价格

p_{2mt}^n：为 n 阶段周期 t 传统渠道市场 m 的价格

d_f^n：为 n 阶段正常销售阶段工厂 f 的基础需求

d_f^{0n}：为 n 阶段工厂 f 网络预售需求量

d_{0f}^n：为 n 阶段工厂 f 预售阶段的基础需求

ε_f^n：为 n 阶段预售期为吸引顾客对工厂 f 进行网络广告宣传的可变费用

ε_{0f}^n：为 n 阶段预售期为吸引顾客对工厂 f 进行网络广告宣传的固定费用

λ：价格弹性系数，$\lambda=2$

μ：交叉价格弹性系数，$\mu=1$

④费用参数符号及描述。

r_{ft}^{n}：为 n 阶段周期 t 工厂 f 固定生产成本

ν_{ft}^{n}：为 n 阶段周期 t 工厂 f 单位产品生产成本

q_{ft}^{n}：为 n 阶段周期 t 工厂 f 单位半成品的生产成本

$e_{w_f t}^{n}$：为 n 阶段周期 t 工厂仓库 w_f 单位半成品再加工成本

$r_{w_f t}^{n}$：为 n 阶段周期 t 工厂仓库 w_f 固定运行成本

$\nu_{w_f t}^{n}$：为 n 阶段周期 t 工厂仓库 w_f 单位半成品运行成本

$h_{w_f t}^{n}$：为 n 阶段周期 t 末工厂仓库 w_f 单位半成品存储成本

r_{dt}^{n}：为 n 阶段周期 t 分销中心 d 固定运行成本

ν_{dt}^{n}：为 n 阶段周期 t 分销中心 d 单位产品运行成本

h_{dt}^{n}：为 n 阶段周期末 t 分销中心 d 单位产品存储成本

r_{fmt}^{n}：为 n 阶段周期 t 由工厂 f 产品到市场 m 运输所需固定成本

ν_{fmt}^{n}：为 n 阶段周期 t 由工厂 f 产品到市场 m 运输成本

r_{dmt}^{n}：为 n 阶段周期 t 产品由分销中心 d 到市场 m 运输所需的固定成本

ν_{dmt}^{n}：为 n 阶段周期 t 单位产品由分销中心 d 到市场 m 的运输成本

ν_{fdt}^{n}：为 n 阶段周期 t 单位产品由工厂 f 到分销中心 d 的运输成本

r_{fdt}^{n}：表示 n 阶段周期 t 产品由工厂 f 到分销中心 d 的固定成本

⑤时间参数符号及描述。

L_{ft}^{n}：为 n 阶段周期 t 工厂 f 单位产品的生产工时

g_{ft}^{n}：为 n 阶段周期 t 工厂 f 单位半成品生产时间

$L_{w_f t}^{n}$：为 n 阶段周期 t 工厂 f 单位半成品 w_f 再加工时间

L_{fmt}^{n}：为 n 阶段周期 t 产品从工厂 f 配送到市场 m 的单位运输时间

L_{fdt}^{n}：为 n 阶段周期 t 产品从工厂 f 配送到分销中心 d 的单位运输时间

L_{dmt}^{n}：为 n 阶段周期 t 产品从分销中心 d 配送到市场 m 的单位运输时间

$L_{m(t,t+1)}^{n}$：为 n 阶段相邻周期 t，$t+1$ 阶段第一个周期市场 m 订货时间间隔

$L_{m(t_n,1)}^{n,n+1}$：为 n 阶段最后一个周期与 $n+1$ 阶段第一个周期市场 m 订货间隔

ω_{2mt}^{n}：为 n 阶段周期 t 市场 m 对产品要求的交货时间

τ_{ft}^{n}：为 n 阶段周期 t 工厂 f 响应时间

⑥ 0 ~1 变量符号及描述。

X_{ft}^{n}：表示 n 阶段周期 t 工厂产品 f 是否进行生产

$\aleph_{ft}^{n}$：表示 n 阶段周期 t 工厂 f 是否进行再加工生产或产品加急生产

Y_{fmt}^{n}：表示 n 阶段周期 t 由工厂产品 f 到市场 m 是否运输

$R_{w_f t}^{n}$：表示 n 阶段周期 t 工厂仓库 w_f 是否使用

Z_{fdt}^{n}：表示 n 阶段周期 t 工厂 f 到分销中心 d 是否运输

E_{dt}^{n}：表示 n 阶段周期 t 分销中心 d 是否使用

K_{dmt}^{n}：表示 n 阶段周期 t 分销中心 d 到市场 m 是否使用

M_{ft}^{n}：表示 n 阶段周期 t 工厂 f 是否进行线上预售

N_{mt}^{n}：表示 n 阶段周期 t 市场中零售商 m 是否承担退货成本

⑦决策变量符号及描述。

σ_{amt}^{n}：为 n 阶段周期 t 市场 m 的缺货量

σ_{1mt}^{n}：为 n 阶段周期 t 网络渠道市场 m 的缺货量

σ_{2mt}^{n}：为 n 阶段周期 t 传统渠道市场 m 的缺货量

x_{ft}^{n}：为 n 阶段周期 t 工厂 f 产品实际成产量

y_{fmt}^{n}：为 n 阶段周期 t 由工厂产品 f 到市场 m 的运量 $y_{fmt}^{n} z_{fdt}^{n} f_{dmt}^{n}$

m_{ft}^{n}：为 n 阶段周期 t 工厂半成品 f 生产量

$b_{w_f t}^{n}$：为 n 阶段周期 t 工厂仓库 w_f 半成品的入库量

$s_{w_f t}^{n}$：为 n 阶段周期 t 工厂仓库 w_f 半成品的入库量

$u_{w_f t}^{n}$：为 n 阶段周期 t 末工厂仓库 w_f 单位半成品存储量

z_{fdt}^{n}：表示 n 阶段周期 t 工厂 f 到分销中心 d 运输量

u_{dt}^{n}：为 n 阶段周期末 t 分销中心 d 产品存储量

f_{dmt}^{n}：表示 n 阶段周期 t 分销中心 d 到市场 m 的运量

ϕ_{ft}^{n}：为 n 阶段周期 t 工厂 f 产品生产时间，$\phi_{ft}^{n} = L_{ft}^{n} x_{ft}^{n}$

φ_{ft}^{n}：为 n 阶段周期 t 工厂 f 半成品生产时间，$\varphi_{ft}^{n} = g_{ft}^{n} m_{ft}^{n}$

κ_{ft}^{n}：为 n 阶段周期 t 工厂仓库 w_f 半成品的入库量

第三节　双渠道供应链模型建立

首先根据产品生命周期不同阶段特征分别构建各阶段网络设计优化模型；其次根据各阶段时间响应模型将三个独立阶段的时间响应模型转变为互相联系的综合优化模型，以实现利润最大化的目标。本书在张雷构建的融合生命周期的分销网络优化模型的基础上加入预售与退货方程[227]，从而得出以下基于产品生命周期的双渠道供应链网络设计优化模型：

一、投入期目标函数模型

在产品投入时期主要的参与方有以下两个分别为：工厂和市场。为实现利润最大化原则考虑的主要成本有产品预售、生产、运输、退货成本。其中：$P_{1mt}^{1}(D_{1mt}^{1}-\sigma_{1mt}^{1})$为投入期产品销售收入；$(r_{ft}^{1}X_{ft}^{1}+\nu_{ft}^{1}x_{ft}^{1})$ 为工厂生产的固定成本、可变生产成本；$(r_{fmt}^{1}Y_{fmt}^{1}+\nu_{fmt}^{1}y_{fmt}^{1})$ 为产品由工厂到分销中心的固定、可变运输成本；$M_{ft}^{1}(\varepsilon_{f}^{1}d_{f}^{01}+\varepsilon_{0f}^{1})$为预售阶段成本；$\varpi p_{2mt}\{\xi E[\min(Q_{2mt}^{1},p_{2m})]+\zeta p_{2mt}\}$为传统渠道退货成本。

（1）投入期利润最大化目标函数。

①网络渠道：

$$\begin{aligned}\max H_{11} = &\sum_{a\in A}\sum_{t\in T1}\sum_{m\in M}P_{1mt}^{1}(D_{1mt}^{1}-\sigma_{1mt}^{1})-\sum_{t\in T1}\sum_{f\in F}(r_{ft}^{1}X_{ft}^{1}+\nu_{ft}^{1}x_{ft}^{1})\\&-\sum_{t\in T1}\sum_{f\in F}\sum_{m\in M}(r_{fmt}^{1}Y_{fmt}^{1}+\nu_{fmt}^{1}y_{fmt}^{1})-\sum_{t\in T1}\sum_{f\in F}[M_{ft}^{1}(\varepsilon_{f}^{1}d_{f}^{01}+\varepsilon_{0f}^{1})]\\&P_{1mt}^{1}(D_{1mt}^{1}-\sigma_{1mt}^{1})\end{aligned}\tag{4-1}$$

②传统渠道：

$$\begin{aligned}\max H_{12} = &\sum_{a\in A}\sum_{t\in T1}\sum_{m\in M}P_{2mt}^{1}(D_{2mt}^{1}-\sigma_{2mt}^{1})-\sum_{t\in T1}\sum_{f\in F}(r_{ft}^{1}X_{ft}^{1}+\nu_{ft}^{1}x_{ft}^{1})\\&-\sum_{t\in T1}\sum_{f\in F}\sum_{m\in M}(r_{fmt}^{1}Y_{fmt}^{1}+\nu_{fmt}^{1}y_{fmt}^{1})-\sum_{t\in T1}\sum_{f\in F}[M_{ft}^{1}(\varepsilon_{f}^{1}d_{f}^{01}+\varepsilon_{0f}^{1})]\\&-\sum_{t\in T1}\sum_{a\in A}\sum_{m\in M}\varpi p_{2mt}\{\xi E[\min(Q_{2mt}^{1},p_{2m})]+\zeta p_{2mt}\}\end{aligned}\tag{4-2}$$

（2）产品响应时间方程。

$$\tau_{ft}^{1}\leqslant\omega_{2mt}^{1},\quad\forall f,\ m,\ \forall t\in T1\tag{4-3}$$

（3）产品生产、运输量守恒。

$$\sum_{m \in M} Y_{fmt}^{1} y_{fmt}^{1} = x_{ft}^{1}, \forall f, \forall t \in T1 \tag{4-4}$$

$$\sum_{f \in F} Y_{fmt}^{1} y_{fmt}^{1} = \sum_{a \in A} D_{amt}^{1} - \sigma_{amt}^{1}, \forall m, \forall t \in T1 \tag{4-5}$$

（4）生产能力限制约束。

$$x_{ft}^{1} \leqslant X_{ft}^{1} A_{ft}^{1}, \quad \forall f, \quad \forall t \in T1 \tag{4-6}$$

（5）规定了各个变量取值范围。

$$x_{ft}^{1}, \ y_{fmt}^{1}, \ \sigma_{amt}^{1} \geqslant 0, \quad \forall f, \ m, \quad \forall t \in T1 \tag{4-7}$$

二、成长期目标函数模型

在产品成长时期主要的参与方有以下三个，分别为：工厂、工厂仓库和市场。为实现利润最大化目标考虑的主要成本有产品预售、生产、再生产、仓库、运输、加急生产、退货成本。其中：$P_{2mt}^{2}(D_{2mt}^{2}-\sigma_{2mt}^{2})$为成熟期产品销售收入；$(r_{ft}^{2}X_{ft}^{2}+q_{ft}^{2}m_{ft}^{2})$ 为工厂半产品固定成产成本；$(r_{wft}^{2}\mathbb{R}_{wft}^{2}+x_{wft}^{2}\nu_{wft}^{2})$ 为工厂仓库固定与可变单位运行成本；$(r_{ft}^{2}\aleph_{kt}^{2}+\nu_{ft}^{2}x_{ft}^{2})$ 为工厂生产的固定成本、可变生产成本；$e_{wft}^{2}s_{wft}^{2}$为工厂仓库单位半成品再加工生产成本；$X_{ft}^{2}\aleph_{ft}^{2}r_{ft}^{2}$为工厂产品加急生产成本；$h_{wft}^{2}u_{wft}^{2}$为工厂仓库半成品存储成本；$(r_{fmt}^{2}Y_{fmt}^{2}+\nu_{fmt}^{2}y_{fmt}^{2})$ 为工厂到市场固定与可变单位运输成本；$[M_{ft}^{2}(\varepsilon_{f}^{2}d_{f}^{02}+\varepsilon_{0f}^{2})]$为预售成本；$\varpi p_{2mt}\sum_{t \in T2}\sum_{a \in A}\sum_{m \in M}\varpi p_{2mt}\{\xi E[\min(Q_{2mt}^{2}, p_{2mt})]+\zeta p_{2mt}\}$ 为传统渠道退货成本。

（1）成长期利润最大化目标函数。

①网络渠道：

$$\begin{aligned} \max H_{21} = & \sum_{a \in A}\sum_{t \in T2}\sum_{m \in M} P_{1mt}^{2}(D_{1mt}^{2}-\sigma_{1mt}^{2}) - \sum_{t \in T2}\sum_{f \in F}(r_{ft}^{2}X_{ft}^{2}+q_{ft}^{2}m_{ft}^{2}) \\ & - \sum_{t \in T2}\sum_{f \in F}(r_{wft}^{2}\mathbb{R}_{wft}^{2}+x_{wft}^{2}\nu_{wft}^{2}) - \sum_{t \in T2}\sum_{f \in F}(r_{ft}^{2}\aleph_{kt}^{2}+\nu_{ft}^{2}x_{ft}^{2}) \\ & - \sum_{t \in T2}\sum_{f \in F} e_{wft}^{2}s_{wft}^{2} + \sum_{t \in T2}\sum_{f \in F} X_{ft}^{2}\aleph_{ft}^{2}r_{ft}^{2} - \sum_{t \in T2}\sum_{f \in F} h_{wft}^{2}u_{wft}^{2} \\ & - \sum_{t \in T2}\sum_{f \in F}\sum_{m \in M}(r_{fmt}^{2}Y_{fmt}^{2}+\nu_{fmt}^{2}y_{fmt}^{2}) - \sum_{t \in T2}\sum_{f \in F}[M_{ft}^{2}(\varepsilon_{f}^{2}d_{f}^{02}+\varepsilon_{0f}^{2})] \end{aligned} \tag{4-8}$$

②传统渠道：

$$\begin{aligned} \max H_{22} = & \sum_{a \in A}\sum_{t \in T2}\sum_{m \in M} P_{2mt}^{2}(D_{2mt}^{2}-\sigma_{2mt}^{2}) - \sum_{t \in T2}\sum_{f \in F}(r_{ft}^{2}X_{ft}^{2}+q_{ft}^{2}m_{ft}^{2}) \\ & - \sum_{t \in T2}\sum_{f \in F}(r_{wft}^{2}\mathbb{R}_{wft}^{2}+x_{wft}^{2}\nu_{wft}^{2}) - \sum_{t \in T2}\sum_{f \in F}(r_{ft}^{2}\aleph_{kt}^{2}+\nu_{ft}^{2}x_{ft}^{2}) \end{aligned}$$

$$- \sum_{t \in T2} \sum_{f \in F} e_{w_f t}^2 s_{w_f t}^2 + \sum_{t \in T2} \sum_{f \in F} X_{ft}^2 \aleph_{ft}^2 r_{ft}^2 - \sum_{t \in T2} \sum_{f \in F} h_{w_f t}^2 u_{w_f t}^2$$
$$- \sum_{t \in T2} \sum_{f \in F} \sum_{m \in M} (r_{fmt}^2 Y_{fmt}^2 + \nu_{fmt}^2 y_{fmt}^2) - \sum_{t \in T2} \sum_{f \in F} [M_{ft}^2 (\varepsilon_f^2 d_f^{02} + \varepsilon_{0f}^2)]$$
$$- \sum_{t \in T2} \sum_{a \in A} \sum_{m \in M} \varpi p_{2mt} \{ \xi E[\min(Q_{2mt}^2, p_{2mt})] + \zeta p_{2mt} \} \tag{4-9}$$

（2）产品响应时间方程。

$$\tau_{ft}^2 \leqslant \omega_{2mt}^2, \quad \forall f, \ m, \quad \forall t \in T2 \tag{4-10}$$

（3）产品生产、运输、需求量守恒。

$$m_{ft}^2 = x_{w_f t}^2, \quad \forall f, \quad \forall t \in T2 \tag{4-11}$$

$$\sum_{f \in F} Y_{fmt}^2 y_{fmt}^2 = D_{amt}^2 - \sigma_{amt}^2, \forall m, \forall t \in T2 \tag{4-12}$$

$$s_{w_f t}^2 + x_{ft}^2 = \sum_{m \in M} Y_{fmt}^2 y_{fmt}^2, \forall f, \forall t \in T2 \tag{4-13}$$

（4）半成品存储量守恒。

$$u_{w_f t}^2 = x_{w_f t}^2 - s_{w_f t}^2 + u_{w_f(t-1)}^2, \quad \forall f, \quad \forall t \in T2 \tag{4-14}$$

（5）工厂仓库初试库存及最后一个周期末库存为0。

$$u_{w_f 1}^2 = 0, \quad u_{w_f t_2}^2 = 0, \quad \forall f \tag{4-15}$$

（6）各种设施的能力约束。

$$m_{ft}^2 \leqslant X_{ft}^2 A_{ft}^2, \quad \forall f, \quad \forall t \in T2 \tag{4-16}$$

$$s_{w_f t}^2 + x_{ft}^2 \leqslant \aleph_{ft}^2 A_{ft}^2, \quad \forall f, \quad \forall t \in T2 \tag{4-17}$$

$$x_{w_f t}^2 + u_{w_f(t-1)}^2 \leqslant \mathbb{R}_{w_f t}^2 C_{w_f t}^2, \quad \forall f, \quad \forall t \in T2 \tag{4-18}$$

（7）规定了各个变量取值范围。

$$x_{ft}^2, \ m_{ft}^2, \ x_{w_f t}^2, \ s_{w_f t}^2, \ u_{w_f t}^2, \ y_{fmt}^2, \ \sigma_{amt}^2 \geqslant 0$$
$$\forall f, \ m, \quad \forall t \in T2 \tag{4-19}$$

三、成熟期目标函数模型

在产品成熟时期主要的参与方有以下三个，分别为：工厂、分销中心和市场。为实现利润最大化原则考虑的主要成本有产品预售、生产、分销中心仓库、运输、退货成本。其中：$P_{1mt}^3 (D_{1mt}^3 - \sigma_{1mt}^3)$ 为成长期产品销售收入；$(r_{ft}^3 X_{ft}^3 + \nu_{ft}^3 x_{ft}^3)$ 为工厂生产的固定成本、可变生产成本；$(r_{fdt}^3 Z_{fdt}^3 + \nu_{fdt}^3 z_{fdt}^3)$ 为产品由工厂运输到分销中心的固定与可变运输成本；$(r_{dt}^3 E_{dt}^3 + \sum_{f \in F} \nu_{dt}^3 z_{fdt}^3)$ 为分销中心固定与可变单位运行成本；$h_{dt}^3 u_{dt}^3$ 为分销中心存储成本；$(r_{dmt}^3 K_{dmt}^3 + \nu_{dmt}^3 f_{dmt}^3)$ 分销中心到市场的单位运输固定与可变成本；$[M_{ft}^3 (\varepsilon_f^3 d_f^{03} + \varepsilon_{0f}^3)]$ 为预售阶段成

本；$\varpi p_{2mt}\{\xi E[\min(Q_{2mt}^3,\ p_{2mt})]+\zeta p_{2mt}\}$为传统渠道退货成本。

（1）成长期利润最大化目标函数。

①网络渠道：

$$\begin{aligned}\text{mxa}H_{31} = & \sum_{a\in A}\sum_{t\in T3}\sum_{m\in M}P_{1mt}^3(D_{1mt}^3-\sigma_{1mt}^3)-\sum_{t\in T3}\sum_{f\in F}(r_{ft}^3X_{ft}^3+\nu_{ft}^3x_{ft}^3)\\ & -\sum_{t\in T3}\sum_{f\in F}\sum_{d\in D}(r_{fdt}^3Z_{fdt}^3+\nu_{fdt}^3z_{fdt}^3)-\sum_{t\in T3}\sum_{d\in D}(r_{dt}^3E_{dt}^3+\sum_{f\in F}\nu_{dt}^3z_{fdt}^3)\\ & -\sum_{t\in T3}\sum_{d\in D}h_{dt}^3u_{dt}^3-\sum_{t\in T3}\sum_{d\in D}\sum_{m\in M}(r_{dmt}^3K_{dmt}^3+\nu_{dmt}^3f_{dmt}^3)\\ & -\sum_{t\in T3}\sum_{f\in F}[M_{ft}^3(\varepsilon_f^3d_f^{03}+\varepsilon_{0f}^3)]\end{aligned} \tag{4-20}$$

②传统渠道：

$$\begin{aligned}\text{mxa}H_{32} = & \sum_{a\in A}\sum_{t\in T3}\sum_{m\in M}P_{2mt}^3(D_{2mt}^3-\sigma_{2mt}^3)-\sum_{t\in T3}\sum_{f\in F}(r_{ft}^3X_{ft}^3+\nu_{ft}^3x_{ft}^3)\\ & -\sum_{t\in T3}\sum_{f\in F}\sum_{d\in D}(r_{fdt}^3Z_{fdt}^3+\nu_{fdt}^3z_{fdt}^3)-\sum_{t\in T3}\sum_{d\in D}(r_{dt}^3E_{dt}^3+\sum_{f\in F}\nu_{dt}^3z_{fdt}^3)\\ & -\sum_{t\in T3}\sum_{d\in D}h_{dt}^3u_{dt}^3-\sum_{t\in T3}\sum_{d\in D}\sum_{m\in M}(r_{dmt}^3K_{dmt}^3+\nu_{dmt}^3f_{dmt}^3)\\ & -\sum_{t\in T3}\sum_{f\in F}[M_{ft}^3(\varepsilon_f^3d_f^{03}+\varepsilon_{0f}^3)]\\ & -\sum_{t\in T3}\sum_{a\in A}\sum_{m\in M}\varpi p_{2mt}\{\xi E[\min(Q_{2mt}^3,\ p_{2mt})]+\zeta p_{2mt}\}\end{aligned} \tag{4-21}$$

（2）产品响应时间方程。

$$\tau_{ft}^3\leqslant\omega_{2mt}^3,\quad \forall f,\ m,\quad \forall t\in T3 \tag{4-22}$$

（3）产品生产、运输、存储及需求量守恒。

$$x_{ft}^3=\sum_{d\in D}Z_{fdt}^3z_{fdt}^3,\quad \forall f,\ \forall t\in T3 \tag{4-23}$$

$$u_{dt}^3=\sum_{f\in F}Z_{fdt}^3z_{fdt}^3-\sum_{m\in M}K_{dmt}^3f_{dmt}^3+u_{d(t-1)}^3,\quad \forall d,\ \forall t\in T3 \tag{4-24}$$

$$\sum_{d\in D}K_{dmt}^3f_{dmt}^3=D_{amt}^3-\sigma_{amt}^3,\quad \forall m,\ \forall t\in T3 \tag{4-25}$$

（4）分销中心初试库存及最后一个周期末库存为0。

$$u_{d1}^3=0,\quad u_{dt_2}^3=0,\quad \forall d \tag{4-26}$$

（5）各种设施的能力约束。

$$x_{ft}^3\leqslant X_{ft}^3A_{ft}^3,\quad \forall f,\quad \forall t\in T3 \tag{4-27}$$

$$\sum_{f\in F}Z_{fdt}^3z_{fdt}^3+u_{d(t-1)}^3\leqslant E_{dt}^3C_{dt}^3,\quad \forall d,\ \forall t\in T3 \tag{4-28}$$

（6）规定了各个变量取值范围。

$$\sum_{t\in T3}x_{ft}^3,\ f_{dmt}^3,\ z_{fdt}^3,\ u_{dt}^3,\ \sigma_{amt}^3\geqslant 0,\quad \forall f,\ m,\ d,\ \forall t\in T3 \tag{4-29}$$

第四节　产品生命周期不同阶段响应时间模型

产品在生命周期不同阶段的响应时间具有一定的连续性。虽然式（4-3）、式（4-10）、式（4-22）给出各阶段产品的时间响应方程，但是并没有考虑其内在联系性。因此，如图4-5所示，根据各阶段的时间响应模型构建整体动态时间响应方程（见图4-5）。

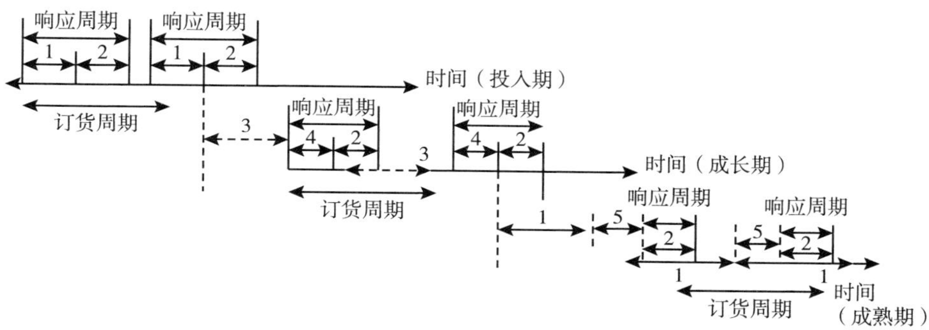

注：1-工厂生产时间；2-相应点到市场运输时间；3-半产品加工时间；4-产品再加工时间或成品加急生产时间；5-成品由工厂到分销中心运输时间

图4-5　产品生命周期不同阶段响应时间

一、投入期响应时间模型

产品投入阶段的时间响应节点主要在工厂。因此，产品投入期响应时间由产品生产花费时间与产品运输时间共同构成，同时响应时间应小于市场中规定的产品交货时间。因此，可表示为：

$$\phi_{ft}^{1} + Y_{fmt}^{1} y_{fmt}^{1} \leqslant \omega_{2mt}^{1}, \quad \forall f, \ m, \quad \forall t \in T_1 \qquad (4-30)$$

二、成长期响应时间模型

产品在成长阶段的时间响应节点主要为工厂仓库，即为工厂受到顾客订单信息后进行再生产时为缩短整体工期的时间响应模型。因此，产品成长期的时间响应模型分别为半产品的再加工时间与产品运输时间两部分构成。在进行半成品生产时生产时间主要分为：第一，产品刚由投入期进入成长期，即为 $t=1$

时；第二，为成长期 $t>1$ 时；同时规定此阶段产品的响应时间应低于市场进行订货的提前期。

$$\varphi_{ft}^{1}\leqslant l_{m(t_1,1)}^{1,2}-\phi_{ft}^{1},\quad \forall f,\ m,\ t=1 \tag{4-31}$$

$$\varphi_{ft}^{2}\leqslant l_{m(t-1,t)}^{2}-\kappa_{f(t-1)}^{2}-\varphi_{f(t-1)}^{2},\quad \forall f,\ m,\ \forall t\in T_2;\ t>1 \tag{4-32}$$

$$\kappa_{ft}^{2}+\varphi_{ft}^{2}+Y_{fmt}^{2}y_{fmt}^{2}\leqslant\omega_{2mt}^{2},\quad \forall f,\ m,\ \forall t\in T_2 \tag{4-33}$$

三、成熟期响应时间模型

产品在成熟阶段的时间响应节点主要为分销中心，即产品的运输时间为响应时间。产品成熟期的生产时间主要分为：$t=1$、$t=2$ 和 $t>2$ 时，同时产品的响应时间应低于市场进行订货的提前期。因此，可表示为：

$$\phi_{f1}^{3}+Z_{fd1}^{3}l_{fd1}^{3}\leqslant l_{m(t_2,1)}^{2,3}-\kappa_{ft_2}^{2}-\varphi_{ft_2}^{2},\quad \forall f,\ d,\ m,\ t=1 \tag{4-34}$$

$$\phi_{ft}^{2}+Z_{fd2}^{3}l_{fd2}^{3}\leqslant l_{m(1,2)}^{3}-X_{f1}^{3}\left(l_{m(t_2,1)}^{2,3}-\kappa_{ft_2}^{2}-\phi_{ft_2}^{2}\right)-\phi_{ft_2}^{3}\quad \forall f,\ d,\ m,\ t=1 \tag{4-35}$$

$$\phi_{ft}^{3}+Z_{fd1}^{3}l_{fd1}^{3}\leqslant l_{m(t-1,t)}^{3}+\sum_{t=2}^{t=1}\left(\left(l_{m(t-1,t)}^{3}-\phi_{f(t-1)}^{3}\right)\prod_{t'=t}^{t-1}X_{ft'}^{3}\right)-\phi_{f(t-1)}^{3}+\left(l_{m(t_2,1)}^{2,3}-\kappa_{ft_2}^{2}-\phi_{ft_2}^{2}\right)\prod_{t'=t}^{t-1}X_{ft}^{3},\quad \forall f,\ d,\ m,\ \forall t\in T_3,\ t>2 \tag{4-36}$$

$$F_{dmt}^{3}l_{dmt}^{3}\leqslant\omega_{2mt}^{3},\quad \forall d,\ m,\ \forall t\in T_3 \tag{4-37}$$

第五节　整体优化模型建立与求解

产品整个生命周期的分销网络模型，其目标函数如下所示，约束条件为各阶段的非时间约束条件组成为：

$$\max H=\max(H_1+H_2+H_3) \tag{4-38}$$

式（4-38）分为网络渠道与传统渠道两种方式：两种情形下的公式及约束条件构成分别如下：

（1）网络渠道：

$$\max H=\max(H_{11}+H_{21}+H_{31}) \tag{4-39}$$

约束条件为式（4-4）至式（4-6）、式（4-11）至式（4-19）、式（4-23）至式（4-29）、式（4-30）至式（4-37）。

（2）传统渠道：

$$\max H = \max(H_{12} + H_{22} + H_{32}) \tag{4-40}$$

约束条件为式（4－4）至式（4－6）、式（4－11）至式（4－19）、式（4－23）至式（4－29）、式（4－30）至式（4－37）。

本研究将分别计算以下八种情形并进行分析比较：

（1）情景一：无线上预售，企业自营物流，线上订单由配送中心负责配送和退换货。

①网络渠道目标函数：

$$\max H = \max(H_{11} + H_{21} + H_{31}) \tag{4-39}$$

②约束条件式（4－4）至式（4－6）、式（4－11）至式（4－19）、式（4－23）至式（4－29）、式（4－30）至式（4－37）；

③无线上预售则 $M_{ft}^{1}=0$；

④企业自营物流则运输费用取表13、15、17中相关数值。

（2）情景二：无线上预售，企业自营物流，线上订单由传统分销商负责配送和退换货。

①传统渠道目标函数：

$$\max H = \max(H_{12} + H_{22} + H_{32}) \tag{4-40}$$

②约束条件式（4－4）至式（4－6）、式（4－11）至式（4－19）、式（4－23）至式（4－29）、式（4－30）至式（4－37）；

③无线上预售则 $M_{ft}^{1}=0$；

④企业自营物流则运输费用取表13、15、17中相关数值。

（3）情景三：无线上预售，第三方物流，线上订单由配送中心负责配送和退换货。

①网络渠道目标函数：

$$\max H = \max(H_{11} + H_{21} + H_{31}) \tag{4-39}$$

②约束条件式（4－4）至式（4－6）、式（4－11）至式（4－19）、式（4－23）至式（4－29）、式（4－30）至式（4－37）；

③无线上预售则 $M_{ft}^{1}=0$；

④第三方物流则运输费用取表12、14、16中相关数值。

（4）情景四：无线上预售，第三方物流，线上订单由传统分销商负责配送和退换货。

①传统渠道目标函数：

$$\max H = \max(H_{12} + H_{22} + H_{32}) \tag{4-40}$$

②约束条件式（4－4）至式（4－6）、式（4－11）至式（4－19）、式

（4－23）至式（4－29）、式（4－30）至式（4－37）；

③无线上预售则 $M_{ft}^{1}=0$；

④第三方物流则运输费用取表12、14、16中相关数值。

（5）情景五：线上预售，企业自营物流，线上订单由配送中心负责配送和退换货。

①网络渠道目标函数：

$$\max H=\max(H_{11}+H_{21}+H_{31}) \tag{4-39}$$

②约束条件式（4－4）至式（4－6）、式（4－11）至式（4－19）、式（4－23）至式（4－29）、式（4－30）至式（4－37）；

③无线上预售则 $M_{ft}^{1}=1$；

④企业自营物流则运输费用取表13、15、17中相关数值。

（6）情景六：线上预售，企业自营物流，线上订单由传统分销商负责配送和退换货。

①传统渠道目标函数：

$$\max H=\max(H_{12}+H_{22}+H_{32}) \tag{4-40}$$

②约束条件式（4－4）至式（4－6）、式（4－11）至式（4－19）、式（4－23）至式（4－29）、式（4－30）至式（4－37）；

③无线上预售则 $M_{ft}^{1}=1$；

④企业自营物流则运输费用取表13、15、17中相关数值。

（7）情景七：线上预售，第三方物流，线上订单由配送中心负责配送和退换货。

①网络渠道目标函数：

$$\max H=\max(H_{11}+H_{21}+H_{31}) \tag{4-39}$$

②约束条件式（4－4）至式（4－6）、式（4－11）至式（4－19）、式（4－23）至式（4－29）、式（4－30）至式（4－37）；

③无线上预售则 $M_{ft}^{1}=1$；

④第三方物流则运输费用取表12、14、16中相关数值。

（8）情景八：线上预售，第三方物流，线上订单由传统分销商负责配送和退换货。

①传统渠道目标函数：

$$\max H=\max(H_{12}+H_{22}+H_{32}) \tag{4-40}$$

②约束条件式（4－4）至式（4－6）、式（4－11）至式（4－19）、式（4－23）至式（4－29）、式（4－30）至式（4－37）；

③无线上预售则 $M_{ft}^{1}=0$；

④第三方物流则运输费用取表 4－4、表 4－6、表 4－8 中相关数值。

第六节　数值仿真与求解

一、数值仿真

本章数据仿真阶段参考文献[27,227－228]进行数值模拟工作。某企业的产品分销网络模型分别由 3 个工厂，每个工厂含有一个工厂仓库、6 个分销中心与 10 个消费市场共同构成。不同时期工厂用于生产的固定成本 r_{ft}^{n} 分别为 30 万元、40 万元、50 万元；工厂最大生产量 A_{ft}^{n} 为：产品投入期 A_{ft}^{1} 为 2 000 件、3 000 件、4 000 件，产品成长期 A_{ft}^{2} 为 7 000 件、8 000 件、9 000 件，产品成熟期 A_{ft}^{3} 为 15 000 件、17 000 件、20 000 件；单位产品（半产品）生产（再加工）成本：投入期 ν_{ft}^{1} 分别为 991 元/件、987 元/件、980 元/件，成长期 ν_{ft}^{2} 为 890 元/件、889 元/件、885 元/件，半成品成本 q_{ft}^{2} 为 460 元/件、457 元/件、450 元/件，半成品再加工成本 e_{wft}^{2} 为 409 元/件、400 元/件、395 元/件，成熟期 ν_{ft}^{3} 分别为 650 元/件、631 元/件、628 元/件；

工厂 f 单位产品生产时间 L_{ft}^{n}：投入期 L_{ft}^{1} 为 0.002 小时/件、0.0016 小时/件、0.0018 小时/件；成长期 L_{ft}^{2} 为 0.0009 小时/件、0.0007 小时/件、0.0005 小时/件；工厂 f 半产品生产时间 g_{ft}^{2} 为 0.0008 小时/件、0.0006 小时/件、0.0009 小时/件；工厂 f 对工厂仓库单位半成品再加工时间 L_{wft}^{2} 为 0.0002 小时/件、0.00016 小时/件、0.0003 小时/件；成熟期单位产品可变生产单位产品生产时间 L_{ft}^{3} 为 0.00021 小时/件、0.00019 小时/件、0.00025 小时/件。产品在三个阶段的时间间隔 $L_{m(t,t+1)}^{n}$ 分别为（80，60，36）小时；每个时期的最后一个周期与 $n+1$ 阶段的首个市场周期的订货时间间隔 $L_{m(t_n,1)}^{n,n+1}$ 为（40，50，60）小时。本书假定产品每个生命周期阶段各包含两个小周期，市场要求的产品交货时间 ω_{2mt}^{n} 分别为：650 小时、620 小时、600 小时。$\varpi=1$；$\xi=0.1$；$\zeta=0.5$。投入期、成长期、成熟期市场中零售商订购的产品数量 Q_{2mt} 分别为 15 000、25 000、40 000（见表 4－1 至表 4－9）。

表 4-1　　工厂各项数据

数据名称	工厂仓库 1	工厂仓库 2	工厂仓库 3
固定运营成本 r_{wft}^2（万元）	5	6	7
单位半成品运行成本 ν_{wft}^2（元/件）	12	13	14
单位半成品存储成本 h_{wft}^n（元/件）	30	25	20
最大存储能力 C_{wft}^2（件）	6 000	7 000	8 000

表 4-2　　各阶段不同工厂有关需求量相关系数

数据名称	投入期			成长期			成熟期		
	工厂 1	工厂 2	工厂 3	工厂 1	工厂 2	工厂 3	工厂 1	工厂 2	工厂 3
可变单位宣传费用 ε_f^n（元）	140	135	130	150	145	140	160	155	150
固定宣传费用 ε_{0f}^n（元）	1 200	1 100	1 000	1 000	950	800	800	750	700
预售阶段基础需求 d_{0f}^n（件）	2 300	2 250	2 400	2 500	2 400	2 300	3 000	2 800	2 500
正产销售阶段基础需求 d_f^n（件）	3 900	3 800	3 700	6 500	6 400	6 200	13 000	12 000	11 000
网络渠道 P_{1mt}^n（元）	1 500	1 500	1 500	1 350	1 350	1 350	1 250	1 250	1 250
传统渠道 P_{2mt}^n（元）	1 450	1 450	1 450	1 300	1 300	1 300	1 000	1 000	1 000

表 4-3　　分销中心各项数据

数据名称	分销中心 1	分销中心 2	分销中心 3	分销中心 4	分销中心 5	分销中心 6
固定运行成本 r_{dt}^3（万元）	10	9	8	7	8	6
单位产品运行成本 ν_{dt}^3（元/件）	10	15	10	15	10	15
单位产品存储成本 h_{dt}^3（元/件）	27	25	26	24	23	22
最大存储能力 B_{dt}^2（件）	25 000	20 000	21 000	23 000	21 000	24 000

表 4-4　第三方物流：由工厂 f 到市场 m 固定运输成本、单位运输成本、运输时间

			市场 1	市场 2	市场 3	市场 4	市场 5	市场 6	市场 7	市场 8	市场 9	市场 10
$f-m$ 固定运输成本 v_{fmt}^{n}（元）	投入期	工厂 1	38 000	45 800	36 000	28 000	43 000	19 000	21 000	31 000	26 000	18 000
		工厂 2	39 000	44 800	35 000	27 500	42 000	18 500	20 500	30 500	24 500	16 700
		工厂 3	37 000	43 800	34 000	27 000	41 500	18 000	20 000	29 000	23 000	16 000
	成长期	工厂 1	55 200	51 000	49 500	48 000	51 000	47 500	46 000	45 000	46 500	47 000
		工厂 2	54 000	50 500	48 000	46 000	50 000	46 500	45 000	43 000	45 000	46 000
		工厂 3	53 000	50 000	47 000	45 000	49 000	45 000	44 000	42 500	44 000	42 000
$f-m$ 单位运输成本 r_{fmt}^{n}（元）	投入期	工厂 1	25	32	36	42	28	31	26	24	36	41
		工厂 2	27	43	26	28	35	41	39	51	41	45
		工厂 3	31	26	28	29	34	35	36	29	31	32
	成长期	工厂 1	36	42	28	26	24	36	25	32	36	31
		工厂 2	26	28	35	39	51	41	27	43	26	41
		工厂 3	28	29	34	36	29	31	31	26	28	35
$f-m$ 运输时间 L_{fmt}^{n}（分钟）	投入期	工厂 1	29	23	27	21	28	21	25	26	31	19
		工厂 2	24	25	27	29	18	24	23	26	27	28
		工厂 3	21	23	25	26	13	17	16	13	20	19
	成长期	工厂 1	23	27	21	25	26	31	21	28	21	25
		工厂 2	25	27	29	23	26	27	29	18	24	23
		工厂 3	23	25	26	16	13	20	26	13	17	16

表 4-5　　自营物流：由工厂 f 到市场 m 固定运输成本、单位运输成本、运输时间

			市场 1	市场 2	市场 3	市场 4	市场 5	市场 6	市场 7	市场 8	市场 9	市场 10
$f-m$ 固定运输成本（元）	投入期	工厂 1	43 000	52 800	41 000	33 000	47 000	29 000	30 000	37 000	31 000	23 000
		工厂 2	44 000	51 800	40 000	32 500	46 000	28 500	29 500	36 500	29 500	21 700
		工厂 3	42 000	50 800	39 000	32 000	45 500	28 000	29 000	35 000	28 000	21 000
	成长期	工厂 1	60 200	58 000	54 500	53 000	55 000	57 500	55 000	51 000	51 500	52 000
		工厂 2	59 000	57 500	53 000	51 000	54 000	56 500	54 000	49 000	50 000	51 000
		工厂 3	58 000	57 000	52 000	50 000	53 000	55 000	53 000	48 500	49 000	47 000
$f-m$ 单位运输成本（元）	投入期	工厂 1	20	27	31	37	23	27	22	21	32	36
		工厂 2	22	38	21	23	30	37	35	48	37	40
		工厂 3	26	21	23	24	29	31	32	26	27	27
	成长期	工厂 1	31	37	23	21	19	32	21	29	32	26
		工厂 2	21	23	30	34	46	37	23	40	22	36
		工厂 3	23	24	29	31	24	27	27	23	24	30
$f-m$ 运输时间（分钟）	投入期	工厂 1	29	23	27	21	28	21	25	26	31	19
		工厂 2	20	24	24	24	14	22	21	24	24	24
		工厂 3	20	22	23	22	11	15	13	12	18	17
	成长期	工厂 1	21	23	22	23	22	29	18	24	20	23
		工厂 2	23	24	27	21	23	25	27	12	22	21
		工厂 3	22	21	21	13	11	18	23	11	14	12

表 4-6　第三方物流：由分销中心 d 到市场 m 固定运输成本、单位运输成本、运输时间

	成熟期	市场 1	市场 2	市场 3	市场 4	市场 5	市场 6	市场 7	市场 8	市场 9	市场 10
$d-m$ 固定运输成本 r_{dmt}^{n}（元）	分销中心 1	16 500	20 900	17 500	18 300	14 500	17 600	21 000	18 900	19 100	15 600
	分销中心 2	25 300	22 100	19 700	20 100	22 300	21 000	18 900	21 900	19 800	19 700
	分销中心 3	23 900	21 800	23 800	19 500	21 000	23 800	21 600	23 800	18 700	16 500
	分销中心 4	17 600	21 000	18 900	17 600	21 000	18 900	20 900	17 500	18 300	22 100
	分销中心 5	21 000	18 900	21 900	21 000	18 900	21 900	22 100	19 700	20 100	21 800
	分销中心 6	23 800	21 600	23 800	23 800	21 600	23 800	21 800	23 800	19 500	21 000
$d-m$ 单位运输成本 v_{dmt}^{n}（元）	分销中心 1	49	31	50	43	38	27	32	51	41	47
	分销中心 2	36	38	45	47	49	51	23	29	52	43
	分销中心 3	47	35	34	36	29	34	38	45	48	49
	分销中心 4	31	50	43	27	32	51	41	27	32	51
	分销中心 5	38	45	47	51	23	29	52	51	23	29
	分销中心 6	35	34	36	34	38	45	48	34	38	45
$d-m$ 运输时间 L_{dmt}^{n}（分钟）	分销中心 1	5	7	9	4	6	3	9	6	4	7
	分销中心 2	4	6	8	3	5	6	7	8	9	3
	分销中心 3	5	7	4	9	7	8	5	4	6	3
	分销中心 4	7	9	4	6	6	8	3	5	6	7
	分销中心 5	6	8	3	5	7	4	9	7	8	5
	分销中心 6	7	4	9	7	9	4	6	6	8	3

表 4－7　自营物流：由分销中心 d 到市场 m 固定运输成本、单位运输成本、运输时间

	成熟期	市场 1	市场 2	市场 3	市场 4	市场 5	市场 6	市场 7	市场 8	市场 9	市场 10
$d-m$ 固定运输成本（元）	分销中心 1	26 500	29 900	27 500	28 300	24 500	25 600	27 500	27 900	28 100	23 600
	分销中心 2	35 300	31 100	29 700	30 100	32 300	29 000	25 400	30 900	28 800	27 700
	分销中心 3	33 900	30 800	33 800	29 500	31 000	31 800	28 100	32 800	27 700	24 500
	分销中心 4	27 600	30 000	28 900	27 600	31 000	26 900	27 400	26 500	27 300	30 100
	分销中心 5	31 000	27 900	31 900	31 000	28 900	29 900	28 600	28 700	29 100	29 800
	分销中心 6	33 800	30 600	33 800	33 800	31 600	31 800	28 300	32 800	28 500	29 000
$d-m$ 单位运输成本（元）	分销中心 1	40	26	42	37	30	22	28	46	37	42
	分销中心 2	27	33	37	41	41	46	19	24	48	38
	分销中心 3	38	30	26	30	21	29	34	40	44	44
	分销中心 4	22	45	35	21	24	46	37	22	28	46
	分销中心 5	29	40	39	45	15	24	48	46	19	24
	分销中心 6	26	29	28	28	30	40	44	29	34	40
$d-m$ 运输时间（分钟）	分销中心 1	3	5	7	3	5	2	8	5	3	6
	分销中心 2	3	4	6	2	4	5	6	7	8	2
	分销中心 3	4	5	3	8	6	7	4	3	5	2
	分销中心 4	6	7	3	5	5	7	2	4	5	6
	分销中心 5	5	6	2	4	6	3	8	6	7	4
	分销中心 6	6	3	8	6	8	3	5	5	7	2

表 4-8　第三方物流：由工厂 f 到分销中心 d 固定运输成本、单位运输成本、运输时间

	成熟期	分销中心 1	分销中心 2	分销中心 3	分销中心 4	分销中心 5	分销中心 6
$f-d$ 固定运输成本 r_{fdt}^{3}（元）	工厂 1	19 500	24 700	13 000	27 950	29 900	30 000
	工厂 2	23 400	25 600	29 900	28 900	23 700	19 900
	工厂 3	23 500	22 100	24 100	26 000	27 000	24 000
$f-d$ 单位运输成本 ν_{fdt}^{3}（元）	工厂 1	26	33	27	29	31	25
	工厂 2	35	24	27	29	31	35
	工厂 3	24	26	31	26	29	36
$f-d$ 运输时间 L_{fdt}^{n}（分钟）	工厂 1	7	10	11	13	14	17
	工厂 2	20	21	19	15	16	21
	工厂 3	16	18	19	21	23	19

表 4-9　自营物流：由工厂 f 到分销中心 d 固定运输成本、单位运输成本、运输时间

	成熟期	分销中心 1	分销中心 2	分销中心 3	分销中心 4	分销中心 5	分销中心 6
$f-d$ 固定运输成本 r_{fdt}^{3}（元）	工厂 1	28 500	31 700	22 000	33 950	36 900	35 000
	工厂 2	32 400	32 600	38 900	34 900	30 700	24 900
	工厂 3	32 500	29 100	33 100	32 000	34 000	29 000
$f-d$ 单位运输成本 ν_{fdt}^{3}（元）	工厂 1	20	28	23	23	27	22
	工厂 2	29	19	23	23	27	32
	工厂 3	18	21	27	20	25	33
$f-d$ 运输时间 L_{fdt}^{n}（分钟）	工厂 1	7	10	11	13	14	17
	工厂 2	18	20	17	13	14	19
	工厂 3	15	16	17	18	21	17

二、模型求解

依据以上给出的数据信息，通过 lingo11. 0 进行数据求解。

第七节　数值仿真结果比较

一、不同情境下供应链网络设计优化模型分析

本节模型为在第三节模型的基础上，根据不同生命周期特征分别建立八种情景下的双渠道供应链网络设计优化模型。根据以上信息，利用 lingo11. 0 编程求解，如图 4 –6 所示分别为情景一至情景四的最优网络设计优化方案，其中实线为传统销售渠道，传统零售商销售的产品须从配送中心运送到零售商，顾客前往零售商购买货物；虚线为网络销售渠道，网络分销商销售的产品直接从配送中心寄到顾客手中（见表 4 –10）。

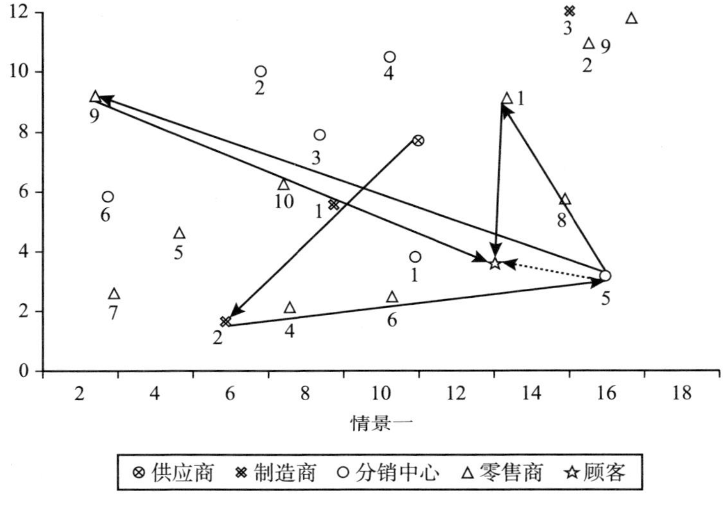

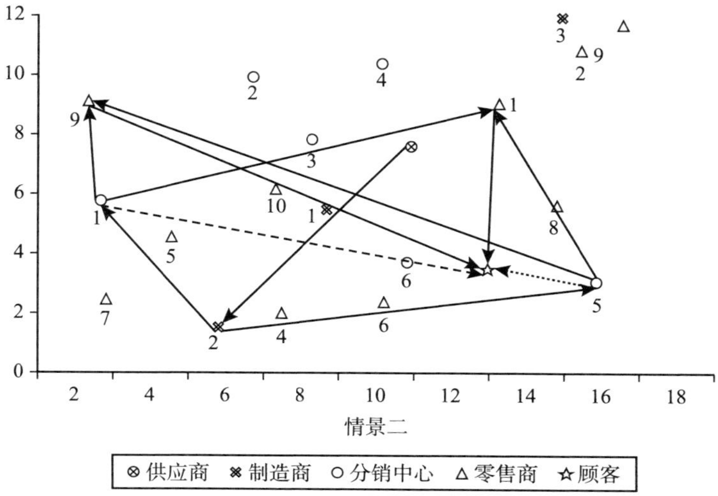

图4-6　情景一至情景四供应网络设计模型

表4-10　不同情景下供应链网络设计方案

情景	网络设计方案			总成本（元）	总利润（元）
	工厂	配送中心	零售商		
一	2	5	1，9	15 134 671	17 394 612
二	2	1，5	1，9	10 923 578	13 425 321
三	2	2，5	1，9	10 004 263	12 437 569
四	1，2	3，5	1，5，7，9	12 989 435	15 462 346
五	1，2	2，4，5	1，5，7，9	17 032 561	19 514 230
六	2，3	1，3，4，5	1，5，7，9	16 653 498	18 876 236
七	1，2，3	2，3，4，5	1，2，3，6，8，9	17 998 325	20 158 362
八	1，2，3	2，3，4，5，6	1，2，4，5，8，9	13 372 436	15 673 571

利用以上信息求解得到以下八种情形的目标函数值与总成本，分别如表4-10所示。可看出八种情景的最优目标函数值为情景七：线上预售，第三方物流，线上订单由配送中心负责配送和退换货，目标函数的最优值为20 158 362元。分析其原因为线上预售功能使制造商提前获得订单信息，同时利用网络平台提供的定金开展采购生产工作，与不提供预售服务的情景相比能够减少生产成本；第三方物流与自营物流的区别主要体现在：自营物流运输成本低，建设成本和运营成本高，第三方物流则相反。两者的运输成本相差较小，但第三方

物流无须配送中心的建设成本与运营成本，因此减少的成本费用高于自营物流情况；网络平台订单由网络分销中心负责退货，退货费用由顾客自行承担，而订单由传统销售渠道销售时，由零售商承担退货成本。因此，经过数值模拟分析，情景七所得总利润最大。

以情景七为例进一步分析产品在不同生命周期阶段其储存成本、缺货成本、生产成本与运输成本的变化趋势，如图 4 -7 所示。

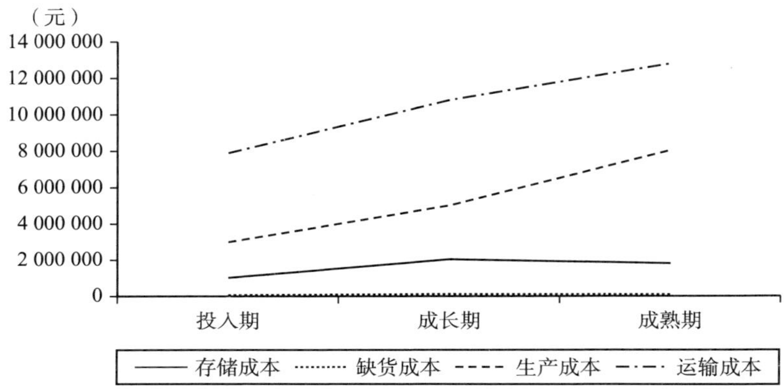

图 4 -7　不同生命周期阶段成本变化曲线

由图 4 -7 可看出，在产品投入期由于采用预售管理模式，工厂生产的产品直接出售给顾客，此时不涉及产品库存。当预售阶段结束后，产品进入正常销售阶段由于产品受生产量与生产效率等因素的影响，工厂未能按照订单约定的时间提供产品，造成时滞现象的产生。时滞现象的发生会降低在网络销售渠道购买产品的顾客满意度，甚至引发顾客退货的风险。但是由于预售模式能够较好地预测顾客对产品的需求量，从而工厂可以精准的进行产品生产工作，大大降低了产品的存储成本与缺货成本。在产品由投入期进入成长期后，顾客的需求量趋于稳定且需求量较投入期有大幅的增长趋势，产品的生产成本也由 3 010 296元增至 5 029 736 元；预售阶段结束后，网络销售渠道进一步开展产品销售工作，导致更为严重的时滞现象的发生，虽然存储成本与缺货成本进一步增大，但由于产品销售进入成长期，因为传统销售渠道直接面对顾客不存在时滞现象的弊端，同时此阶段传统销售渠道销售量超越网络销售渠道销售量，有效地减少了积压库存的增长量。当产品进入成熟期后，大量相似产品竞争者进入市场。网络销售渠道仍然采用之前的方式进行产品的营销工作，但与之不同的是传统销售渠道在投入期与成长期时较好的控制产品积压的库存量，在成熟期到来时采用打折促销的方式进行产品销售工作，虽然销售价格较投入期与成熟期有所下降，但由于生产量大幅增长弥补了打折促销所带来的损失。

综上，根据本研究结果显示，在产品投入期由于顾客需求不确定往往采用网络营销渠道开展营销工作，同时预售管理有利于精准预测顾客需求，有效地减少产品的缺货成本与存储成本；当产品由投入期进入成长期后，产品生产量逐步增加，传统渠道应加入营销渠道之中，由于传统销售渠道往往采用当面购买方式，有效地避免了网络销售渠道在此阶段存在时滞性的缺点，提高顾客满意度，销售量超越网络销售渠道销售量，有效地减少了积压库存的增长量，而网络销售渠道此时可去除预售管理，直接进行网络销售工作；当产品进入成熟期，网络销售渠道仍采用之前的方式开展销售工作，此阶段虽然顾客需求量达到顶峰，但由于大量竞争者进入市场，零售商采用打折促销的方式出售产品，虽然利润较投入期与成长期略有下降，但出售量的增多有效地弥补了利润的损失。

二、网络、传统渠道模式总成本与最大利润分析

上节仅考虑网络渠道与传统渠道相结合的情况，本节将分别考虑八种不同情景下，网络渠道与传统渠道两种模式下各自的总成本与最大利润，分别如表4-11和图4-8所示。

表4-11　　不同情景下的网络、传统模式下总成本与最大利润

情景	总成本（元）		最大利润（元）	
	网络渠道	传统渠道	网络渠道	传统渠道
情景一	9 745 391	5 389 280	10 214 526	7 180 086
情景二	6 135 292	4 788 286	8 214 263	5 211 058
情景三	7 032 532	2 971 731	7 825 142	4 612 427
情景四	7 709 278	5 280 157	8 246 181	7 216 165
情景五	10 021 761	7 010 800	11 002 561	8 511 669
情景六	9 772 461	6 881 037	10 167 219	8 709 017
情景七	9 914 262	8 084 063	12 256 192	7 902 170
情景八	8 153 192	5 219 244	8 824 163	6 849 408

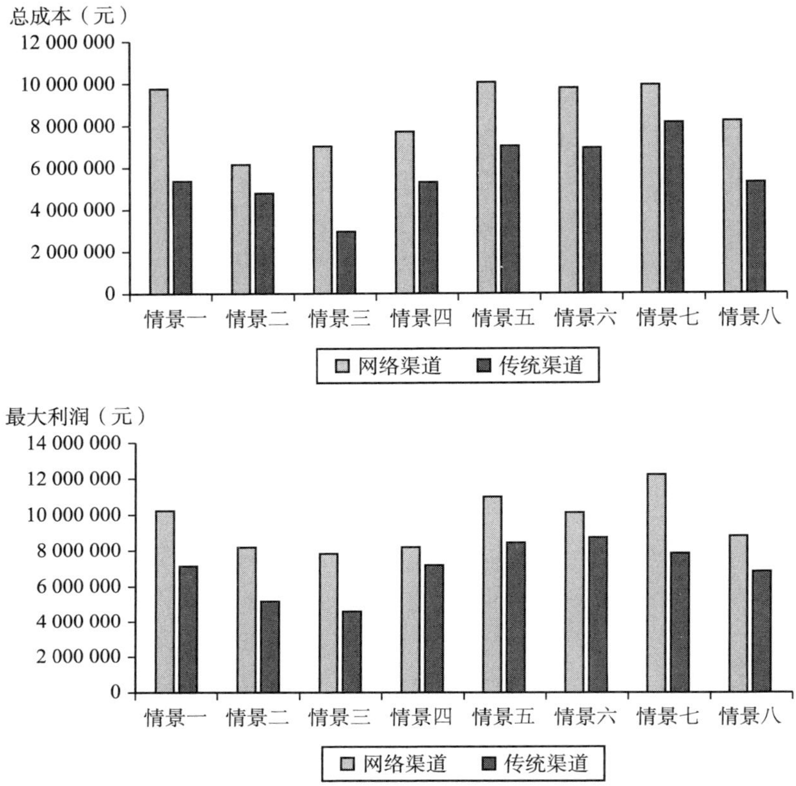

图4-8　网络、传统渠道最大利润与总成本差异对比

由图4-8反映的结果可知，由于电子支付方式的普及，使网络销售渠道利润值逐步超越传统销售渠道，八种不同情景下网络销售渠道的总成本与最大利润均高于传统销售渠道，且总成本与最大利润绝对数值相差较大。其目标函数最大利润为情景七：线上预售，第三方物流，线上订单由配送中心负责配送和退换货。与上节中综合考虑网络与传统渠道模式相同。此时网络渠道的最大利润与传统渠道相差最大达到4 354 022元。

三、不同生命周期下双渠道供应链收益对比分析

当产品预售阶段完成后，产品进入正常销售阶段后，分为传统销售渠道与网络销售渠道两种不同模式。前文假定网络销售渠道所占市场份额为$\partial=0.4$，本节扩充这一假设，使∂从0~1均匀取值，得出产品收益变化情况

（见图 4－9）。

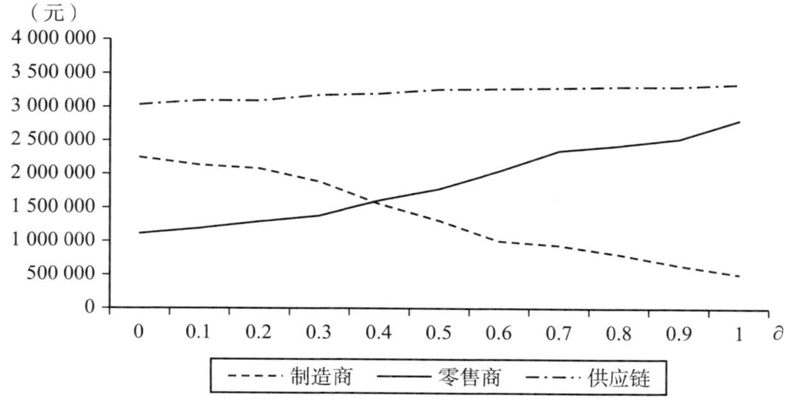

图 4－9　投入期制造商、零售商与整体供应链收益变化曲线

如图 4－9 所示，在产品投入期阶段，随着 ∂ 取值由 0～1，网络销售渠道所占市场份额逐渐上升。由于投入期产品需求量少且不固定，工厂原材料订购量无法形成规模优势，原材料价格普遍偏高，因此在此阶段工厂所得收益有逐渐减小的趋势，在所占市场份额与所得利润之间，增长的市场份额不足以弥补原材料价格偏高引起的成本损失；零售商的销售价格也受到原材料价格上涨的影响，但市场份额的逐渐增大能够弥补这一损失。从供应链的整体角度来看，利润有平缓上涨的趋势，主要原因为网络销售渠道所占市场份额的增加进一步导致预售阶段所得利润的上涨，从而弥补成本损失（见图 4－10）。

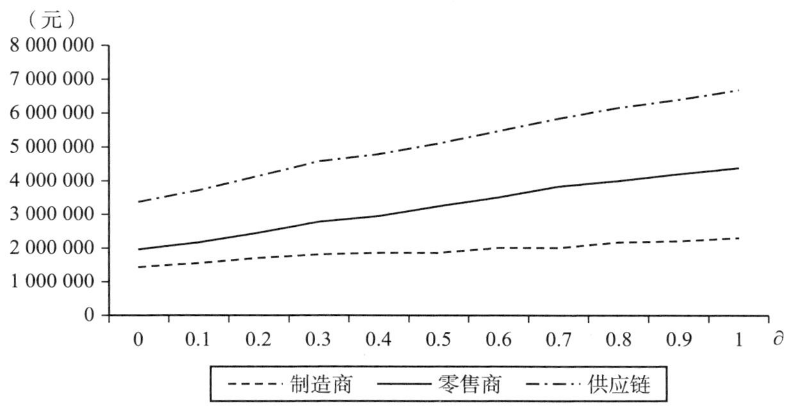

图 4－10　成长期制造商、零售商与整体供应链收益变化曲线

如图4－10所示，在产品成长期阶段，随着∂取值由0～1，网络销售渠道所占市场份额逐渐上升。可以看出工厂的收益曲线由投入期逐渐减少转变为缓慢上涨，出现这种现象的原因主要为成长期顾客的需求具有数量多，品种变动性小的特征，此时由于原材料需求量增大，工厂可通过批发价格从供应商手中获得原材料，使生产成本的降低成为可能，工厂利润呈现缓慢上涨的趋势；零售商由于网络渠道预售阶段带来的利润，加上产品市场规模的不断成长，收益逐渐上涨，但上涨趋势较投入期有所放缓，主要是由于竞争者进入市场所引起；而就整体供应链而言，主要由于原材料价格的下降给供应链整体收入的提升带来可能（见图4－11）。

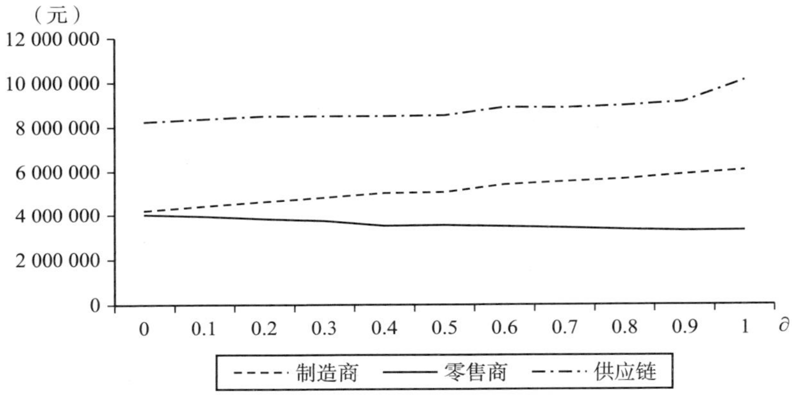

图4－11　成熟期制造商、零售商与整体供应链收益变化曲线

如图4－11所示，在产品进入成熟期阶段，随着∂取值由0～1，网络渠道所占市场份额逐渐上升。工厂与零售商的收益曲线较投入期出现相反的变化趋势：工厂收益逐步增加，而零售商利润呈缓慢下降的趋势。出现这种相反变化的原因主要是由于成熟期与投入期相比，产品具有需求量进一步增长且稳定的趋势，同时由于规模效益的形成使成本进一步降低，工厂利润与投入期相比有大幅增长的趋势；而大量竞争者进入市场使零售商的利润与成长期相比进一步降低，且逐渐下降。就整体供应链而言，收益所呈趋势与投入期、成长期相同，呈现上涨趋势。

综上，当产品由投入期进入成长期最后步入成熟期时，工厂在投入期时由于原材料价格偏高造成导致从收益逐渐减小，成长期时由于产品需求量大幅增长，工厂可以批发价格获得原材料进行生产，收益呈逐步上升的趋势，成熟期时顾客需求量达到最大值，工厂利润也平稳增长；零售商利润在三个时期均呈现增长趋势，但成熟期增长缓于投入期与成长期，主要是由于成熟期时由于大量竞争者进入市场，零售商往往采用打折促销的方式出售产品，使利润增长趋势有所放缓；供应链整体收益在三个时期与成长期相同均呈现增长趋势，在成熟期时收益额达到最大。

四、预售与非预售模式下时间敏感系数灵敏度分析

与传统销售渠道相比网络销售渠道具有一定程度的时滞性。传统销售渠道下零售商与顾客采用面对面的销售模式，一般情况下不存在时滞性，而网络销售渠道下顾客即时获得产品的满意度较低，这一指标将严重影响顾客的购买行为。为此，设置时间敏感系数来对这一指标进行分析。将设置的参数（t 取值 0.8 ~2.2）代入 lingo 程序进行运算，结果如图 4 – 12 至图 4 – 15 所示。

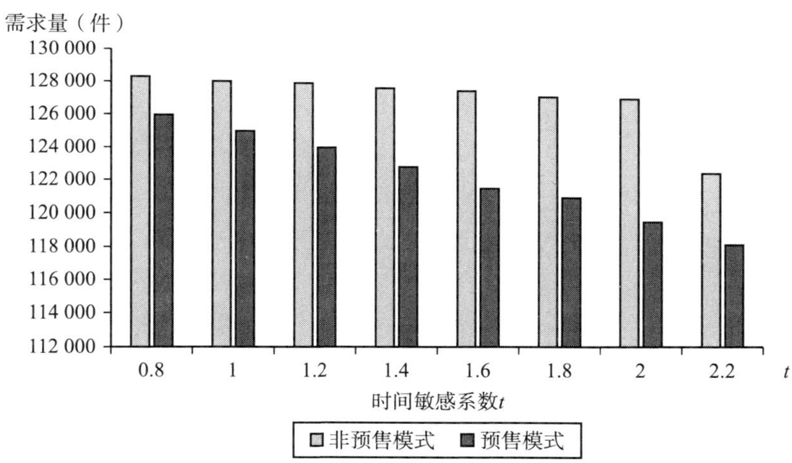

图 4 – 12　不同时间敏感系数 t 对应的需求量结果

从图 4 – 12 可知，当时间敏感系数逐渐上升，网络销售渠道的顾客则无法忍受企业承诺的预售与配送时间，使顾客流失量大幅增长；而对于传统销售渠道影响较小，顾客需求量基本保持稳定，较小的产品需求量的变动，避免企业不必要的损失。

从图 4 – 13 可知，当时间敏感系数逐渐上升，网络销售渠道因存在预售管理模式，精准预测顾客对于产品的需求量，有效地减少产品库存量，企业库存量呈现逐渐减少的趋势。而传统销售渠道因无法准确获知顾客需求量库存量随

时间敏感系数增加，库存量逐渐增多。因此，企业可以根据时间敏感系数的改变调整不同时期的库存量，使企业获得利润最大化。

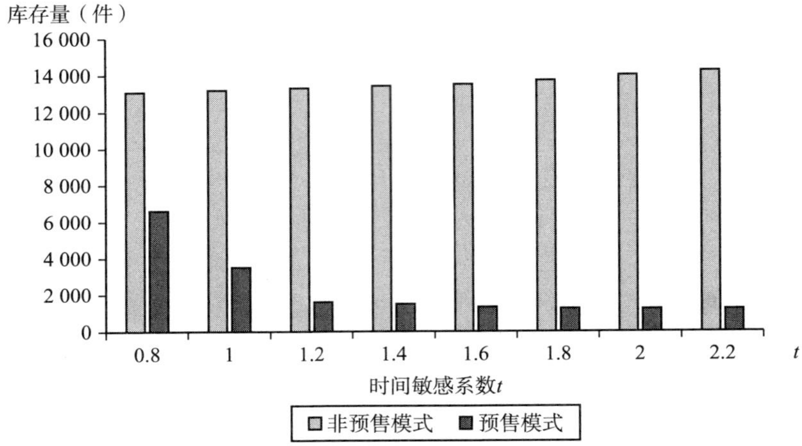

图 4－13　不同时间敏感系数 t 对应的存储量结果

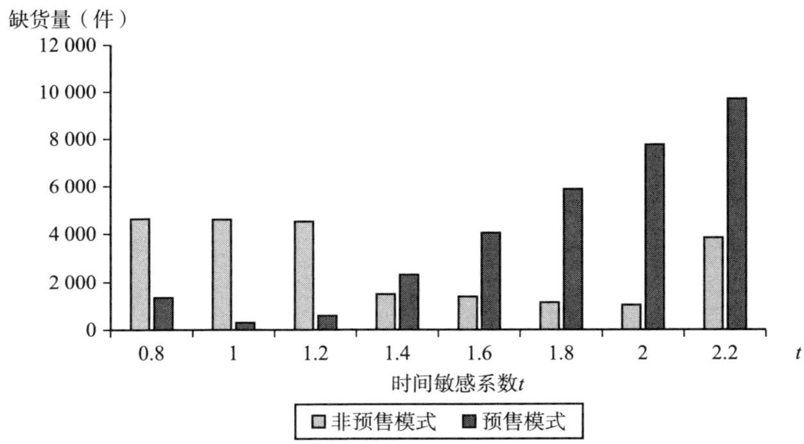

图 4－14　不同时间敏感系数 t 对应的缺货量结果

从图 4－14 可知，在预售管理模式下，网络销售渠道与传统销售渠道企业的缺货量所呈现趋势正好相反。预售模式下产品缺货量随时间敏感系数的上升先减少后增加。这种趋势代表着，若顾客对产品具有严格的时间要求，网络销售渠道将损失大量的顾客流，产品的预售信息无法真实的反应顾客需求。因此，此时应采用传统销售渠道代替网络销售渠道。

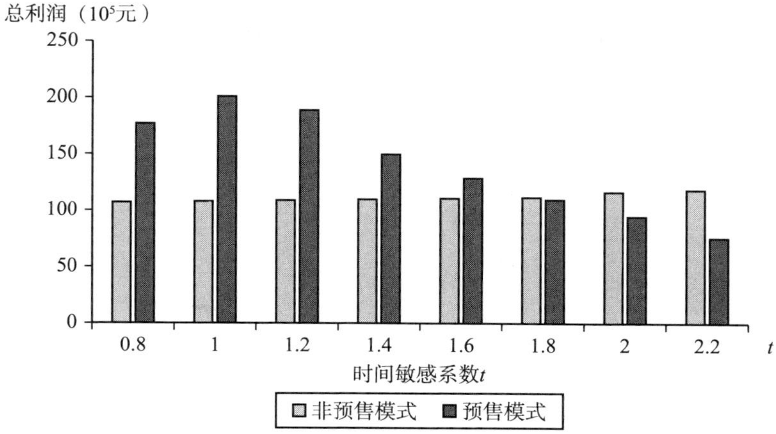

图 4-15　不同时间敏感系数 t 对应的总利润结果

从图 4-15 可知，当时间敏感系数逐渐增加，预售模式下产品的总利润在 $t=1.8$ 前低于传统销售渠道，随后传统销售渠道总利润高于网络销售渠道。总体来说，预售模式下当时间灵敏系数超过 1.8 时，企业预售模式总利润超过非预售模式。

综上所述，当时间敏感系数超过 1.8 之后，企业应采用传统销售渠道，因为此时的网络预售获得的顾客需求量偏离实际需求，导致企业利润损失；当时间敏感系数在 1.8 之内时，预售模式虽然具有时滞性将导致一定数量顾客的流失，但企业订货量与市场需求量的匹配度增加，有效地降低了企业的生产成本、库存成本、缺货成本，从而实现总利润的增长。

第五章

双渠道闭环供应链碳排放差异模型

第一节　双渠道闭环供应链碳排放分析

一、双渠道供应链分类

电子商务的快速发展使得大多数企业不再单纯依靠向零售商批发产品获取利润，转而通过零售渠道和线上直销渠道相结合的双渠道模式进行商品销售。双渠道结构主要分为分散双渠道和垂直双渠道。分散双渠道是零售商和制造商互相独立，网上直销渠道和制造商向零售商销售的产品相同；垂直双渠道是指制造商与零售店集成后再增加网上直销渠道，如图 5－1 所示。

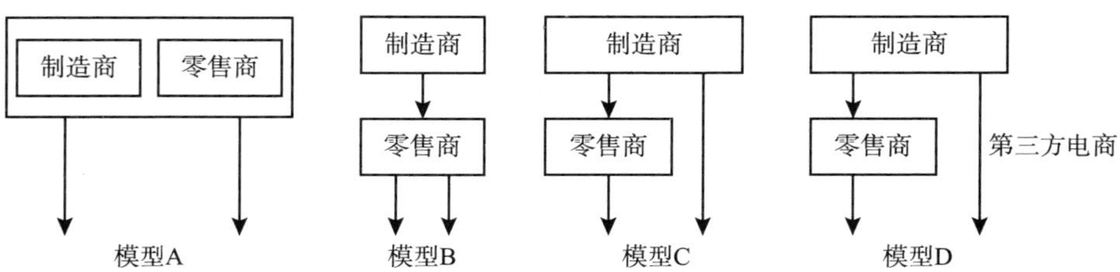

图 5－1　双渠道结构图分类

模型 A 的示意图表示集中决策结构，制造商集成零售长作为一个决策整体，其多是自产自销模式，在现实中并不常见。

模型 B 的示意图是零售商双渠道结构，零售商不仅包括线下销售，也包括电子销售渠道。在现实中，许多零售巨头都采用此种模式。如银座、国美、苏宁等。

模型 C 的示意图是制造商双渠道结构，制造商同时拥有网络销售平台和传统的实体零售店。现实中的企业有海尔、三星、李宁等。

模型 D 的示意图是制造商企业委托第三方进行线上网络销售的模式。现实中，许多企业同时采用模式 D 和其他模式的结合形式，如华为公司就是模式 C 和模式 D 的组合形式，其同时拥有自己的官方商城，又通过第三方如天猫、京东等电商平台销售。

二、线上、线下碳排放模式分析

完整的双渠道闭环供应链网络结构里，商品通过网络分销商和传统零售商进行销售。其中，网络分销商销售的商品直接从配送中心寄到顾客手中，传统零售商销售的商品须从配送中心运送到零售店，顾客前往零售店购买货物，顾客在选择购买渠道的时候，受商品价格、送达时间、商品可获得性以及渠道偏好的影响。如商品存在质量问题可进行退货，在网络渠道购买的商品由顾客承担退货成本，在传统渠道购买的商品顾客可直接退回原零售店，零售店承担退货成本，对于有质量问题的商品存在返厂维修成本，对于无质量问题的商品存在库存成本。在商品生命周期结束之后，对于部分可以回收再利用的商品进行回收处理，回收渠道包括零售商回收和第三方回收平台。

整个供应链系统的运营成本可以分解为：采购成本、生产成本、运输成本、库存成本、缺货成本、维修成本、回收成本，以及供应商、配送中心、零售店和回收渠道的启动成本。

在双渠道供应链中，由于线上直销渠道和线下销售渠道销售的产品相同，制造商和零售商面对相同的消费者群体，线上直销渠道必然会使部分原先在零售渠道消费的消费者转向线上直销渠道，这种争夺市场需求份额的行为会引起渠道冲突，这使得双渠道供应链需要考虑的问题相较于单渠道供应链更为复杂。

整条双渠道闭环供应链上，会出现碳排放的环节主要有采购原材料、生产、物流、仓储和回收等。线上与线下这两种销售渠道所产生的碳排放主要区别在于物流运输环节、包装以及仓储。

一方面，增加线上直销渠道可以减少整条供应链上的碳排放。首先，相比于传统销售模式，网购模式可以在没有实体店铺的情况下，只使用一些网络就可以实现销售活动，因此其节省了实体店铺在经营过程中的能源消耗，其中以电力消耗为甚。其次，消费者可以在足不出户的情况下完成购物活动，因此减少了出行等交通工具使用过程中的碳排放。除此以外，在网络购物中，电子订单的下达和处理可以减少纸质的订单和对账单。综合以上，电子销售渠道在给买卖双方带来便捷的同时，也减少了碳排放。

另一方面，增加线上直销渠道也可能会增加整条供应链上的碳排放。通过线上渠道进行销售产品，产品在运送至消费者手中时，需要大量的包装材料，因此，包装材料的大量使用增加了网购的碳排放。其次，电子商务模式的产品末端配送需要企业自己负责，或者将其外包给第三方物流企业。传统模式的供应链则是顾客到零售店完成终端购买。在这两种模式中，电商模式需要额外负责终端配送的物流成本，因此会消耗更多的能源，从而造成碳排放量的增加。除此以外，电子销售渠道由于消费者是通过网络渠道了解的商品，其与真实商品会存在差距，当消费者发现收到的货品与自己的需求存在较大差异时，便会要求退货。较高的退货率也会导致运输配送环节的碳排放量的增加。

三、线上、线下碳排放差异分析

根据线上、线下碳排放模式分析，为了方便模型的建立以及数据的获取，本书主要考虑线上、线下配送模式在四个方面的碳排放差异，主要为包装环节、运输环节、仓储环节和退换货环节。

（1）包装环节。在包装成本方面，电商模式属于零散货物的运输，由于消费者的需求以及运输路途的复杂性，相比于传统模式的运输，产品需要进行多层的包装。比如先在普通塑料包装上再附加一层快递包装盒。在传统模式的供应链中，产品往往是多件批量打包至大纸箱中，然后整箱运送至零售门店。其后，零售店将产品拆分成单件进行销售。

这两种模式中包装的差别，会给供应链网络的碳排放造成影响。额外的包装材料会产生一定的碳排放。除此以外，由于多层包装的存在，会使得产品的包装体积增大，这会导致车辆运输产品时的可装载的货物数量减少。因此，要运输相同数目的产品，会需要更多的车辆，从而导致的碳排放量也会增加。

在包装环节的碳排放差异中，我们只考虑由于多余的材料所造成的额外碳排放。至于包装形式对车辆装载率的影响，以及因此造成的运输碳排放的增加，我们将其放在运输环节进行讨论。包装材料的差异主要在于产品的初始基本包装、运输的装箱包装、电商模式的纸盒包装这三个方面。

（2）运输环节。在运输环节的碳排放差异，主要在于因包装差异导致的装载率差异，从而导致运输所需的车辆能源消耗产生差异。除此以外，电商模式和传统模式的供应链结构本身存在差异，电商模式更注重产品的快速运输。在速度、平均油耗上存在差异。供应商将原材料配送至生产商环节、生产商将货物配送至配送中心环节的碳排放计算，只考虑由于订货周期以及配送速度所导致的物流环节的碳排放差异。而配送中心将产品运送至零售店以及通过网络分销商直接配送给消费者的碳排放，还需要考虑由于包装所导致的供应链运输环节装载率的差异，从而导致的碳排放的不同。由于零售店将货物出售给消费者的过程中产生的碳排放量较少，此处不予计算。

（3）仓储及退换环节。在仓储环节及退换货等环节，线上和线下模式的供应链碳排放存在差异。根据查阅相关文献及实地调研，可以得到相关的碳排放系数，可以直接将数值代入模型，简化计算。

第二节　问题描述

本书研究一个包括多个供应商、单个制造商、单个网络分销商、多个传统零售商、多个配送中心的双渠道闭环供应链网络。供应链网络设计的目标是成本的最小化和二氧化碳排放的最小化。商品通过网络分销商和传统零售商进行销售，其中，网络分销商销售的商品直接从配送中心寄到顾客手中，传统零售商销售的商品须从配送中心运送到零售店，顾客前往零售店购买货物，顾客在选择购买渠道的时候，受商品价格、送达时间、商品可获得性以及渠道偏好的影响。如商品存在质量问题可进行退货，在网络渠道购买的商品由顾客承担退货成本，在传统渠道购买的商品顾客可直接退回原零售店，零售店承担退货成本，对于有质量问题的商品存在返厂维修成本，对于无质量问题的商品存在库存成本。在商品生命周期结束之后，对于部分可以回收再利用的商品进行回收处理，回收渠道包括零售商回收和第三方回收平台。

整个供应链系统的运营成本可以分解为：采购成本、生产成本、运输成本、库存成本、缺货成本、维修成本、回收成本，以及供应商、配送中心、零售店和回收渠道的启动成本。碳排放量需要计算生产环节、包装、物流运输环节、仓储环节、退换货及回收等环节的碳排放。

决策变量主要包括零部件的采购量，最终产品的产量，配送中心的进货量，传统零售店的采购量，网络分销商的分销量，以及供应商、配送中心和回收渠道的节点选择变量。辅助变量包括：制造商零部件库存量，最终产品库存量，配送中心库存量，传统零售店库存量，传统零售店销售量，网络分销商销售量，传统零售商退货量，网络分销商退货量，零售商回收量，第三方回收平台回收量。

约束条件包括：供应商供应能力，制造商生产能力，配送中心库存能力，传统零售店库存能力，每条路线的运输能力。

第三节 模型假设

对于相应的供应链网络模型，可以做出如下基本假设：

（1）供应链网络中有多个供应商、多个配送中心、多个零售商和多个传统回收商，有一个制造商、一个网络分销商、一个第三方回收平台，所有节点位置和服务能力均已知。

（2）制造商生产一种产品，产品由多个零部件组装而成，一种零件可由多个供应商供货，每个供应商可以供应多种零件。

（3）传统零售商所销售的产品须先从配送中心运送到零售店，然后再销售给消费者。

（4）网络分销商的货物全部从配送中心发货，网络分销商与其他环节仅有信息流而没有物流，因此不需要考虑网络分销商的产品库存量。

（5）供应商、制造商受生产能力约束，配送中心、零售商受库存能力约束，物流过程受运输能力约束。

（6）碳税的征收额按照生产成本与税率的乘积得出。

（7）每个传统零售商都具有满足一定概率分布的随机需求量，在这些需求量中有一部分将会被分流到网络分销商，网络分销商分流量由消费者渠道偏好计算得出。

（8）每个零售商处都具有满足一定概率分布的随机退货量，在传统零售商处的退货成本由商家承担，在网络零售商处购买产品的退货成本由顾客承担。

（9）供应链网络中的供应商、制造商、分销商、零售商、回收商可以进行信息共享，设计出高效的供应链网络。

（10）回收中心从市场回收产品和将回收利用的产品供应给生产商的过程中没有产生库存。

（11）从配送中心直接发送给顾客的产品全部由第三方物流公司负责运输，因此不考虑其运输能力限制。

（12）由于退货量、回收量相对较少，并且在运输时间方面具有不确定性，因此暂不考虑退货和回收的运输能力限制以及由此所造成的库存方面的成本和碳排放。

（13）关于碳排放及碳税的条件假设：对生产企业实行碳排放权交易制度，对于其他供应链上主体实行碳税制度。

（14）各分销中心均为租赁仓库，在周期内租赁成本固定。

（15）每个销售出去的产品都有一定概率可以被回收，假设所有回收产品的残值都是一样的。

第四节　目标函数

一、供应链网络的碳排放量

因本书的研究对象是双渠道供应链，所以在计量整个供应链上的碳排放时，附加电商销售渠道和传统渠道之间差别部分的着重对比。对于两种模式下碳排放量相差不多的环节，本书将予以简化，其基本模式为碳排放量等于该环节的碳排放系数与该环节的碳排放量的乘积；对于存在碳排放差异的环节将予以细化，囊括更多的相关影响因素及参数，展现两种模式下碳排放量的差异，提高碳排放计量的精确度。

综合对实际情况的调研考察以及相关文献的研究，本书得出电子商务模式的供应链碳排放与传统模式的供应链碳排放主要差异体现在以下主要三个部分，即：①包装环节：主要考虑包装材料差异的影响导致的碳排放差异；②运输环节：主要考虑同由于运输频率、运输距离、运输模式和装载率影响而产生的碳排放差异；③退换货环节：主要考虑退货率。

（1）生产环节的碳排放量。生产环节的碳排放主要包括供应商和生产商在生产过程中所造成的碳排放。其中，供应商的碳排放量等于零部件单位碳排放量乘以供应量：

$$\sum_{m=1}^{M}\sum_{i=1}^{L} CCG_i^m \cdot y_i^m \tag{5-1}$$

生产商在生产中的碳排放为生产单位产品的碳排放量乘以产品的总产量：

$$CSC \cdot \omega \tag{5-2}$$

因此，生产环节的总碳排放量为：

$$C_1 = \sum_{m=1}^{M} \sum_{i=1}^{L} CCG_i^m \cdot y_i^m + CSC \cdot \omega \tag{5-3}$$

（2）包装的碳排放量。产品出厂首先进行简单包装，防止产品的污染磨损。从生产商运往分销商时，则会批量进行集装箱集中运输。这种箱式包装，可以有多种规格，如大箱、中箱、小箱等，每种类型的包装箱可装的产品数量不一。假设产品从供应商环节运输至配送中心时，整段供应链上两种模式在包装方面的碳排放进本一致，从而将其作为整体考虑，假设包装单位产品的平均碳排放系数记为 P_0。商品从配送中心运往（设每立方运输包装产品的碳排放系数记为 P_1，令箱式包装的形式为 N_1 件/箱，箱体体积为 $A_1 \times B_1 \times C_1$）零售商后，将被拆开原始出厂时的简单包装，存放在门店库房或展示在门店厅堂内。消费者购买时，产品将再进行简单包装后售出（包装单位产品的平均碳排放系数记为 P_2）。对于线上销售模式，分销商直接将产品自己运送或通过第三方物流运企业送给消费者，递送的纸盒包装（设每立方运输包装产品的相关碳排放系数记为 P_3），箱式包装的形式为 N_2 件/箱，箱体体积为 $A_2 \times B_2 \times C_2$。

商品从生产商运往配送中心 l 的包装成本：

$$\sum_{l=1}^{L} P_0 \cdot x_l \tag{5-4}$$

配送中心 l 通过网络分销商将商品运往消费者的包装成本：

$$\sum_{l=1}^{L} P_3 \cdot \frac{p_l}{N_2 \cdot p(N_2)} \tag{5-5}$$

配送中心 l 将商品运往零售商 n 的包装成本：

$$\sum_{l=1}^{L} \sum_{n=1}^{N} P_1 \cdot \frac{z_n^l}{N_1 \cdot p(N_1)} \tag{5-6}$$

零售商 n 将商品递送到消费者的包装成本：

$$\sum_{l=1}^{L} \sum_{n=1}^{N} P_2 \cdot z_n^l \tag{5-7}$$

因此，包装环节的总碳排放量为：

$$C_2 = \sum_{l=1}^{L} P_0 \cdot x_l + \sum_{l=1}^{L} P_3 \cdot \frac{p_l}{N_2 \cdot p(N_2)} + \sum_{l=1}^{L} \sum_{n=1}^{N} P_1 \cdot \frac{z_n^l}{N_1 \cdot p(N_1)} + \sum_{l=1}^{L} \sum_{n=1}^{N} P_2 \cdot z_n^l \tag{5-8}$$

（3）物流运输的碳排放量。供应商 m 将原材料零部件 i 运送至生产商的配送速度为 VS_m^i，单位公里单位产品运输的碳排放量为 αs_m^i，生产商向供应商 m 的订货周期为 TS_m^i。参照文献[232]，供应商 m 将原材料零部件 i 运送至生产商的物流碳排量为：

$$\sum_{m=1}^{M}\sum_{i=1}^{I} VS_m^i \cdot TS_m^i \cdot \alpha s_m^i \cdot y_m^i \tag{5-9}$$

生产商将货物运输至配送中心 l 的配送速度为 VM_l，单位公里单位产品运输的碳排放量为 αm_l，配送中心向生产商的订货周期为 TM_l；生产商将货物运输至配送中心的碳排量为：

$$\sum_{l=1}^{L} VM_l \cdot TM_l \cdot \alpha m_l \cdot x_l \tag{5-10}$$

配送中心 l 将产品运输至零售店 n 的配送速度为 vc_n^l，每立方每公里运输的碳排量系数为 αc_n^l，订货周期为 TC_n^l；配送中心 l 将产品运输至零售店 n 的碳排量为：

$$\sum_{l=1}^{L}\sum_{n=1}^{N} \frac{VC_n^l \cdot \alpha c_n^l \cdot TC_n^l \cdot z_n^l}{N_1 \cdot p(N_1)} \tag{5-11}$$

配送中心 l 通过网络分销商将产品直接运输至消费者的配送速度为 VP_l，每立方每公里运输的碳排量系数为 αp_l，消费者的订货周期为 TP_l；配送中心通过网络分销商将产品运输至消费者的碳排量为：

$$\sum_{l=1}^{L} \frac{VP_l \cdot \alpha p_l \cdot TP_l \cdot p_l}{N_2 \cdot p(N_2)} \tag{5-12}$$

综上，物流中的碳排放总量为：

$$\begin{aligned} C_3 = &\sum_{m=1}^{M}\sum_{i=1}^{I} VS_m^i \cdot TS_m^i \cdot \alpha s_m^i \cdot y_m^i + \sum_{l=1}^{L} VM_l \cdot TM_l \cdot \alpha m_l \cdot x_l \\ &+ \sum_{l=1}^{L}\sum_{n=1}^{N} \frac{VC_n^l \cdot \alpha c_n^l \cdot TC_n^l \cdot z_n^l}{N_1 \cdot p(N_1)} + \sum_{l=1}^{L} \frac{VP_l \cdot \alpha p_l \cdot TP_l \cdot p_l}{N_2 \cdot p(N_2)} \end{aligned} \tag{5-13}$$

（4）仓储环节的碳排放。关于配送中心的仓储碳排放量的计算，e_1 是配送中心的单位库存的碳排放系数，因此配送中心的碳排放量为：

$$\sum_{l=1}^{L} \left[e_1 \cdot \left(x_l - p_l - \sum_{n=1}^{N} z_n^l \right) \right] \tag{5-14}$$

关于零售店的仓储碳排放量的计算，e_2 是零售店单位库存的碳排放系数，因此零售店的碳排放量为碳排放系数与库存量的乘积。其中，库存量为随机变量，用概率密度的方式积分得出。

$$\sum_{n=1}^{N} \left[\int_0^{\sum_{l=1}^{L} z_n^l} e_2 \cdot \left(\sum_{l=1}^{L} z_n^l - (1 - ws_n) \cdot RD_n \right) \cdot f(RD_n)\,\mathrm{d}RD_n \right] \tag{5-15}$$

综上，仓储中的碳排放总量为：

$$C_4 = \sum_{n=1}^{N} \left[\int_0^{\sum_{l=1}^{L} z_n^l} e_2 \cdot \left(\sum_{l=1}^{L} z_n^l - (1 - ws_n) \cdot RD_n \right) \cdot f(RD_n)\,\mathrm{d}RD_n \right]$$

$$+\sum_{l=1}^{L}\left[e_1\cdot\left(x_l-p_l-\sum_{n=1}^{N}z_n^l\right)\right] \tag{5-16}$$

(5) 退换货的碳排放量。零售店 n 退换单位产品碳排放量为 CTH_n，网络分销商退换单位产品碳排放量为 CTF。因此，供应链上的退换货碳排放量为下示公式。退换货的数量用概率密度的方式，进行积分后得出。

$$C_5=\sum_{n=1}^{N}\int_0^{\sum_{l=1}^{L}z_n^l}CTH_n\cdot(1-ws_n)\cdot RQ_n\cdot g(RQ_n)\mathrm{d}RQ_n$$
$$+\sum_{n=1}^{N}\int_0^{\sum_{l=1}^{L}p_l}CTF\cdot ws_n\cdot RQ_n\cdot g(RQ_n)\mathrm{d}RQ_n \tag{5-17}$$

(6) 回收环节的碳排放量。包括零售商回收和第三方回收平台回收过程所产生的碳排放量；零售店 n 回收货物的单位碳排放量为 CSL_n，第三方回收平台把回收货物运送至制造商处的单位碳排放 CSF。因此回收环节总的碳排放量为：

$$C_6=\sum_{n=1}^{N}\int_0^{\sum_{l=1}^{L}z_n^l}CSL_n\cdot(1-wr_n)\cdot RT_n\cdot f(RT_n)\mathrm{d}RT_n$$
$$+\sum_{n=1}^{N}\int_0^{\sum_{l=1}^{L}p_l}CSF\cdot wr_n\cdot RT_n\cdot f(RT_n)\mathrm{d}RT_n \tag{5-18}$$

将以上函数整合起来，可以得到供应链网络的碳排放量为：

$$\min C_{OM}=C_1+C_2+C_3+C_4+C_5+C_6 \tag{5-19}$$

二、供应链系统的运营总成本

供应链网络的运营成本包括供应商零部件生产成本、制造商的生产成本、供应商至生产商的零部件运输成本、生产商至配送中心的产品运输成本、配送中心至零售店的产品运输成本、配送中心直接发货给顾客的物流成本、配送中心库存成本、零售店库存成本、缺货成本、退货成本和回收成本。

(1) 制造商生产成本。制造商的生产成本等于单位生产成本乘以总产量：

$$Z_1=CPM\cdot w \tag{5-20}$$

(2) 供应商生产成本。供应商零部件生产成本为单位生产成本与供应量的乘积：

$$Z_2=\sum_{m=1}^{M}\sum_{i=1}^{I}CPS_m\cdot y_m^i \tag{5-21}$$

(3) 供应商到生产商的运输成本。供应商至生产商的零部件运输成本为单位运输成本与供应量的乘积：

$$Z_3 = \sum_{m=1}^{M} \sum_{i=1}^{I} CTS_m \cdot y_m^i \tag{5-22}$$

（4）生产商至配送中心的运输成本。生产商至配送中心的产品运输成本为单位运输成本与配送中心采购量的乘积：

$$Z_4 = \sum_{l=1}^{L} CTM_l \cdot x_l \tag{5-23}$$

（5）配送中心至传统零售店的运输成本为单位运费乘以运送量。

$$Z_5 = \sum_{l=1}^{L} \sum_{n=1}^{N} CTD_n^l \cdot z_n^l \tag{5-24}$$

（6）配送中心直接发货给顾客的物流成本为配送中心给顾客直接发货的单位运费乘以配送量。

$$Z_6 = \sum_{l=1}^{L} CTI \cdot p_l \tag{5-25}$$

（7）配送中心库存成本。配送中心的库存成本等于单位库存成本乘以采购量减去发货量，采购量等于制造商生产量，发货量等于零售商和网络分销商的发货量之和：

$$Z_7 = \sum_{l=1}^{L} CID_l \cdot \left(x_l - p_l - \sum_{n=1}^{N} z_n^l \right) \tag{5-26}$$

（8）零售店库存成本为单位库存成本乘以零售店未销售出去的货物量。其中，零售店未销售的货物量为配送中心运往零售店的货物量减去零售店销售出去的货物量。零售店销售货物量为总需求与产品需求中未被网络分销商分流的比例的乘积。

$$Z_8 = \sum_{n=1}^{N} \int_{0}^{\sum_{l=1}^{L} z_n^l} CIR_n \cdot \left(\sum_{l=1}^{L} z_n^l - (1 - ws_n) \cdot RD_n \right) \cdot f(RD_n) \mathrm{d}RD_n \tag{5-27}$$

（9）缺货成本。缺货成本包括零售店缺货成本和网络分销商缺货成本两个部分。其主要构成为未能满足单位产品需求的损失与缺货数量的乘积。零售店的缺货数量为零售店销售数量与配送中心运往零售店的货物数量之差。网络分销商的缺货数量为网络分销商销售数量与配送至网络分销商的货物数量之差。

$$\begin{aligned} Z_9 = & \sum_{n=1}^{N} \int_{\sum_{l=1}^{L} z_n^l}^{+\infty} CQ \cdot \left[(1 - ws_n) \cdot RD_n - \sum_{l=1}^{L} z_n^l \right] \cdot f(RD_n) \mathrm{d}RD_n \\ & + CQ \cdot \left[\sum_{n=1}^{N} \int_{w - \sum_{l=1}^{L} \sum_{n=1}^{N} z_n^l}^{+\infty} ws_n \cdot RD_n \cdot f(RD_n) \mathrm{d}RD_n - \left(w - \sum_{l=1}^{L} \sum_{n=1}^{N} z_n^l \right) \right] \end{aligned} \tag{5-28}$$

（10）退货成本。由于假设网络分销商的退货成本由顾客承担，由此可得退货成本等于零售店的退货量乘以单位退货成本。零售店的退货量为其销售量与产品退货概率密度的乘积从0到配送中心配送至零售店的货物量的积分值。

$$Z_{10} = \sum_{n=1}^{N} \int_{0}^{\sum_{l=1}^{L} z_n^l} CRR_n \cdot (1 - ws_n) \cdot RQ_n \cdot g(RQ_n) \mathrm{d}RQ_n \qquad (5-29)$$

（11）回收成本。包括零售商回收成本和第三方回收平台回收成本。公式推导原理同式（5－29）。

$$\begin{aligned} Z_{11} = & \sum_{n=1}^{N} \int_{0}^{+\infty} CRR_n \cdot (1 - wr_n) \cdot RT_n \cdot f(RT_n) \mathrm{d}RT_n \\ & + \sum_{n=1}^{N} \int_{0}^{+\infty} CRT \cdot wr_n \cdot RT_n \cdot f(RT_n) \mathrm{d}RT_n \end{aligned} \qquad (5-30)$$

（12）生产商的碳排放交易成本。生产商的碳排放主要包括制造，包装，配送各阶段的碳排放量为式（5－31）。其中各组成部分见式（5－1），式（5－4），式（5－9）。

$$CCM = \sum_{m=1}^{M} \sum_{i=1}^{I} CCG_i^m \cdot y_i^m + \sum_{l=1}^{L} P_0 \cdot x_l + \sum_{l=1}^{L} VM_l \cdot TM_l \cdot \alpha m_l \cdot x_l \qquad (5-31)$$

碳排放交易的限额为CAP，单位碳排放价格为P_c，因此生产商的碳排放交易成本为生产商的碳排放总量扣除免费限额部分之后剩余部分与单位碳排放价格的乘积。如果生产商的碳排放量大于碳排放限额，则其需要支付Z_{12}的成本用于购买碳排放权；如果生产商的碳排放量小于碳排放限额，Z_{12}为负值，则表示该生产商可以获得其他企业为其支付碳排放权购买金，作为其利润的一部分。

$$Z_{12} = \left(\sum_{m=1}^{M} \sum_{i=1}^{I} CCG_i^m \cdot y_i^m + \sum_{l=1}^{L} P_0 \cdot x_l + \sum_{l=1}^{L} VM_l \cdot TM_l \cdot \alpha m_l \cdot x_l - CAP \right) \cdot P_c \qquad (5-32)$$

（13）供应链上其他主体的碳税成本。单位碳排放需支付税额为C_{TAX}，因此，供应链上除了生产商之外的其余主体的碳排放为供应链上总的碳排放量扣除生产商的碳排放量之后的剩余部分，再与单位碳排放的税收支付额的乘积。如下所示：

$$Z_{13} = (C_{OM} - CCM) \cdot C_{TAX} \qquad (5-33)$$

将以上函数整合起来，可以得到供应链网络的运营成本为：

$$\min Z_{OM} = Z_1 + Z_2 + Z_3 + Z_4 + Z_5 + Z_6 + Z_7 + Z_8 + Z_9 + Z_{10} + Z_{11} + Z_{12} + Z_{13} \qquad (5-34)$$

（14）供应链网络系统的投资成本。供应链网络的投资成本包括：供应商启动成本，配送中心启动成本，零售店（销售）启动成本，网络分销商启动成本，零售店（回收）启动成本。零售商承担销售和回收两个任务时具有不同的启动成本，因此需要分开进行计算，并且只有承担销售任务的零售商才可以作为回收节点。

$$\min Z_{IV} = \sum_{m=1}^{M} COS_m \cdot BS_m + \sum_{l=1}^{L} COD_l \cdot BD_l + \sum_{n=1}^{N} CORS_n \cdot BRS_n + COI \cdot BI + \sum_{n=1}^{N} CORR_n \cdot BRR_n \tag{5-35}$$

第五节　约束条件

（1）采购阶段。从供应商 m 处采购零部件 i 的数量不能超过其最大供应量，$PS_i^m = 0$ 则表示供应商 m 不提供零部件 i，即：

$$PS_i^m - y_i^m \geqslant 0, \quad m = 1, 2, \cdots, M; \ i = 1, 2, \cdots, I \tag{5-36}$$

从所有供应商处采购的零部件不能少于生产最终产品所需零部件总和，即：

$$\sum_{m=1}^{M} y_i^m - w \cdot E_i \geqslant 0, \quad i = 1, 2, \cdots, I \tag{5-37}$$

从供应商 m 到制造商的最大运量约束为：

$$TS_m - \sum_{i=1}^{I} y_i^m \geqslant 0, \quad m = 1, 2, \cdots, M \tag{5-38}$$

供应商是否启动与供应量之间的平衡约束可表示为：

$$R \cdot \sum_{i=1}^{I} y_i^m - BS_m \geqslant 0, \quad R \cdot BS_m - \sum_{i=1}^{I} y_i^m \geqslant 0 \tag{5-39}$$

制造商是供应链的核心决策者，选择供应商的数量不超过预期设定数量：

$$MM - \sum_{m=1}^{M} BS_m \geqslant 0 \tag{5-40}$$

（2）生产阶段。制造商生产的最终产品数量不超过其最大生产能力，即：

$$PM - w \geqslant 0 \tag{5-41}$$

从制造商到配送中心 l 的最大运量约束为：

$$TD_l - x_l \geqslant 0, \quad l = 1, 2, \cdots, L \tag{5-42}$$

（3）分销阶段。配送中心发送给零售商的发货量不超过其进货量，即：

$$x_l - \sum_{n=1}^{N} z_n^l \geqslant 0, \quad l = 1, 2, \cdots, L \tag{5-43}$$

配送中心的进货量不超过其最大库存量，即：

$$PD_l - x_l \geqslant 0, \quad l = 1, 2, \cdots, L \tag{5-44}$$

所有配送中心的进货量不超过制造商的生产量，即：

$$w - \sum_{l=1}^{L} x_l \geqslant 0 \tag{5-45}$$

配送中心满足需求的机会约束为：

$$x_l - p_l - \sum_{n=1}^{N} z_n^l \geqslant 0, \quad l = 1, 2, \cdots, L \tag{5-46}$$

从配送中心 l 到零售店 n 的最大运量约束为：

$$TR_n^l - z_n^l \geqslant 0, \quad l = 1, 2, \cdots, L; \quad n = 1, 2, \cdots, N \tag{5-47}$$

配送中心是否启动与订货量之间的平衡约束：

$$R \cdot x_l - BD_l \geqslant 0, \quad R \cdot BD_l - x_l \geqslant 0 \tag{5-48}$$

同上，配送中心是否启动与发货量之间的平衡约束：

$$R \cdot \sum_{n=1}^{N} z_n^l - BD_l \geqslant 0, \quad R \cdot BD_l - \sum_{n=1}^{N} z_n^l \geqslant 0 \tag{5-49}$$

选择配送中心的数量不超过预期设定数量：

$$ML - \sum_{l=1}^{L} BD_l \geqslant 0 \tag{5-50}$$

选择作为销售节点的零售商数量不超过预期设定数量：

$$MNS - \sum_{N=1}^{N} BRS_n \geqslant 0 \tag{5-51}$$

（4）退货和回收阶段。选择作为回收节点的零售商数量不超过预期设定数量：

$$MNR - \sum_{N=1}^{N} BRR_n \geqslant 0 \tag{5-52}$$

如果某个零售商被选作回收节点，那么它首先必须作为销售节点，即：

$$BRS_n - BRR_n \geqslant 0 \tag{5-53}$$

（5）零售阶段。设置信水平为 α，根据给定的概率分布函数，可以得到满足需求的机会约束。

零售店满足需求的机会约束为：

$$\int_0^{\sum_{l=1}^{L} z_n^l} f(RD_n)\,\mathrm{d}RD_n - \alpha \geqslant 0, \quad n = 1, 2, \cdots, N \tag{5-54}$$

第六章

北京绫致服装公司双渠道供应链碳排放差异数值分析

为了进行碳排放成本的分摊，首先需要了解碳减排成本的构成，即对碳减排成本进行核算。碳排放成本是环境成本的一部分，解决环境成本问题的关键是降低碳排放量。明确碳排放量核算的内容、对象、范围以及计算程序，就能为核算提供基础，同时也是进行碳减排成本分摊的前提条件。前面已经给出测算供应链上各环节企业碳排放量的具体方法，因此，本章将在此基础上重点研究供应链上各企业的碳减排成本核算和分摊问题。

第一节　小规模算例模拟分析

一、案例概述及供应链网络参数设置

假设一家制造商，2 个候选供应商，提供 3 种零部件。存在 1 个网络分销商以及 3 个候选配送中心，此配送中心需要对 3 个传统零售商进行产品的配送与供应，同时有 2 个回收中心，因此该供应链是一条闭环供应链。在该产品的供应链网络中，由于运输距离、交通工具等差异，导致各节点之间的碳排放因子不同。由于碳排放系数还没有行业标准，其主要来自相关文献的参考值以及通过实际公司的某些数值进行推算得到。考虑到本书是研究关于传统模式和电子商务模式相结合的双渠道供应链，在此案例中所使用的模拟数据是参照中国服装业内运营管理较为成熟的北京绫致服装公司进行调整之后得到的。其在中国主要经营奥莉（ONLY）、杰克琼斯（JACK & JONES）、维莎曼（VERO MO-

DA）和思莱德（SELECTED）四个品牌。

其中包含的主要参数分析如下：

（1）碳排放及碳税相关参数。目前国际上的碳排放交易价格稳定在每吨 8～8.5 欧元，因此本数值分析中取碳交易费率为 80 元/吨。假定碳税率的范围是 0.01～0.1，此税率与国家发改委正在探讨的税率值基本吻合。其次，本书根据生产企业的产品性质，生产成本，生产规模等因素，假定生产企业分配得到的碳排放额度为（70 000千克、72 500 千克、75 000 千克、77 500 千克、80 000 千克）这五种情况。

（2）库存环节相关参数。对于单位库存的碳排放系数，Hi－Hoon 在对公司 HMC 进行供应链碳排放量化分析时，指出仓库存储和分拣的碳当量为 0.316 千克二氧化碳当量/单元。华（Hua）在其案例分析中采用的数值分别为 0.45 千克二氧化碳当量/单元以及 1 千克二氧化碳当量/单元。由此可见单位库存的碳排放系数合理的范围应当在 0.3～1.0 千克二氧化碳当量/单元。

本算例中仓库的月平均电消耗0.42 元/立方米，假设工业用电成本为0.85 元/千瓦小时，其年度电力消耗值 5.93/平方米/年。假设该生产商有总面积 44.5×10^4 平方米的30 间仓库，其平均库存为 15.5×10^4 单元，由此进行计算：

$$\frac{(5.93\times44.5\times10^4)}{(15.5\times10^4\times30)}=0.57\text{ 千瓦小时/单元/年} \qquad (6-1)$$

根据文献数据全国发电消耗 0.341 公斤标煤/度计算，1 公斤标煤含有 0.8236 公斤碳。因此 1 度电能够产生 $0.341\times0.8236\times\frac{44}{12}=1\ 030$ 千克二氧化碳。因此 0.57 千瓦小时/单元/年可换算为 0.587 千克二氧化碳/单元/年。其符合相关文献的合理范围。由此可取单位库存的二氧化碳排放系数为 0.587 千克二氧化碳/单元/年。

（3）运输环节相关参数。对于运输环节的碳排放系数，基于文献李（Li）[229]，其关于不同运输方式的碳排放总结出卡车运输的碳排放计算系数为 65 克二氧化碳/吨·千克，铁路运输碳排放系数为 21 克二氧化碳/吨·千克，内河运输碳排放系数为 10～20 克二氧化碳/吨·千克，海洋运输碳排放系数为 8～20 克二氧化碳/吨·千克，航空运输则达到 801 克二氧化碳/吨·千克。在此案例分析中，平均每件产品的重量为 0.8～1.5 千克/单元，其装箱后为 300～500 单元/箱，12～16 箱/立方米，由此可以推算出每立方米的货物重量为 6 720 千克/立方米。从而传统模式下干线运输每公里每立方的运输碳排量为 65 克·6.72＝0.437 千克二氧化碳/立方米·千克。

此外，根据实际情况的调研发现，在干线运输方面，传统模式与快递运输模式油耗基本没有差异，快递运输是普通运输模式的 1 ~1. 1 倍。在快递的终端配送中，由于采用小型汽车或电瓶车，因此短途配送需要更多的能耗。假设其能耗为传统模式的干线运输能耗的 1. 3 ~1. 7 倍。因此可取电子商务模式下干线运输每公里每立方的运输碳排量为 0. 437 ×1. 7 =0. 743 千克二氧化碳/立方米 · 千克。

（4）包装环节相关参数。每立方运输包装的碳排放系数 P1 和 P3，查阅相关文献[230]得出，纸板盒的平均碳排放为 1. 2 千克二氧化碳/千克。传统模式下其每个纸箱平均尺寸为（570 厘米 ×430 厘米 ×340 厘米），重量为 1. 3 千克，等同产生 1. 56 千克二氧化碳。在实际堆码中，每立方米可以堆下 12 个纸箱，一共堆码 3 层，每层 4 个纸箱。因此，折算成每立方运输包装相关的碳排放量为 18. 72 千克二氧化碳/立方米。在电子商务模式下，每个纸盒（325 厘米 ×235 厘米 ×55 厘米），重 0. 23 千克，产生 0. 28 千克二氧化碳。由此可以取 P1 =18. 72 千克二氧化碳/立方米，P3 =64. 4 千克二氧化碳/立方米，P2 =1. 56 千克二氧化碳/个。

在包装环节的数据分析中，关键性的堆码数量 $p(N_1)$ 和 $p(N_2)$ 将通过 Bin-packing 问题的解法，其余数据根据实际经验或者参考文献得到。

二、数据陈述

表 6 –1 ~表 6 –5 显示了在建立模型时用到的相关参数的具体数值，其按照北京绫致公司的实际运营数据进行调整之后得到。主要包括供应商的相关参数、制造商的相关参数、配送中心的相关参数、网络分销商的相关参数、零售店的相关参数等数值。

表 6 –1　　供应商的相关参数

供应商	$S(m=1, i=1)$	$S(m=1, i=2)$	$S(m=1, i=3)$	$S(m=2, i=1)$	$S(m=2, i=2)$	$S(m=2, i=3)$
单位零部件碳排放量（千克）	35. 6	37. 2	32. 3	26. 2	22. 4	26. 7
单位零部件生产成本（元）	435	440	468	460	445	470
单位零部件运输成本（元）	19	22. 8	19. 7	20. 8	21. 4	23. 5

续表

供应商	S(m=1, i=1)	S(m=1, i=2)	S(m=1, i=3)	S(m=2, i=1)	S(m=2, i=2)	S(m=2, i=3)
候选供应商供应能力上限（件）	6 000	5 500	7 000	5 000	6 000	6 500
供应商到制造商的最大运输量（件）	4 000	4 500	3 500	3 800	4 200	3 700
供应商到生产企业的距离（千米）	150	150	150	200	200	200
供应商到生产企业的配送速度（千米/天）	460	460	460	300	300	300
卡车的碳排放因子（千克/千米）	65	65	65	65	65	65
供应商启动成本（元）	4 500	4 500	4 500	5 000	5 000	5 000

表 6-2　　　　制造商的相关参数

制造商单位产品生产成本（元）	250
制造商单位产品碳排放（千克）	60
生产能力上限（件）	12 000
制造商到配送中心的配送速度（千米/天）	450
单位运输产品碳排放（千克）	65
向供应商的订货周期（天）	30
单位产品运输成本（元）	20
制造能力上限（件）	10 000

表 6-3　　　　配送中心的相关参数

向制造商的订货周期（天）	15	18	20
配送至商店的发货周期（天）	10	12	15
配送至消费者的发货周期（天）	5	7	8
配送至商店的发货速度（千米/天）	450	400	480
配送至消费者的发货速度（千米/小时）	50	70	45
配送至商店的单位产品运输成本（元）	20	25	30
配送中心启动成本（元）	2 500	2 000	3 000
生产商运至配送中心的最大运量约束（件）	3 000	3 500	3 300

表 6－4　网络分销商的相关参数

退换单位产品碳排放（千克）	50
退换单位产品成本（元）	120
回收单位产品碳排放（千克）	70
回收单位产品成本（元）	150
单位缺货成本（元）	10
网络分销商启动成本（元）	2 800
退货率（%）	0. 20
回收率（%）	0. 30
缺货率（%）	0. 15

表 6－5　零售店的相关参数

退换单位产品碳排放（千克）	25	27. 5	30. 25
退换单位产品成本（元）	135	148. 50	163. 35
回收单位产品碳排放（千克）	45	49. 50	54. 45
回收单位产品成本（元）	150	165	181. 50
单位产品库存成本（元）	15	16. 50	18. 15
单位缺货成本（元）	10	11	12. 10
库存率（%）	0. 20	0. 15	0. 17
回收率（%）	0. 30	0. 35	0. 40
缺货率（%）	0. 10	0. 12	0. 15
退货率（%）	0. 20	0. 25	0. 30
零售店销售启动成本（元）	2 000	2 200	2 420
零售店回收启动成本（元）	1 500	1 650	1 815

三、模拟结果

针对以上相关参数设定以及多目标线性规划模型的建立，本书采用lingo11进行求解。首先可以得到在分别只考虑成本和碳排放量最小的情况下的结果（见表 6－6）。

表 6－6　　简单情形下模型求解结果

供应链优化情况	成本（元）	碳排放量（千克）
供应链只考虑成本因素	2 698 665	361 035.4
供应链只考虑碳排放因素	2 755 865	317 797.9
供应链同时考虑成本因素和碳排放因素	2 709 065	339 322.9

根据表 6－6 所显示的结果，当整体模型只考虑碳排放因素时，供应链上的碳排放是最小的，但是此时的成本较大。当模型只以成本最小为目标函数时，整条供应链上的碳排放量较大，但是成本是最小的。当目标函数同时考虑成本因素和碳排放因素时，供应链上的成本总值与总碳排放量介于两者之间。

（1）基于碳排放权交易约束的供应链网络优化结果分析。在现实情况里，以上三种情形都是可行解，但是并不能达到供应链网络的最优解。以碳排放权约束机制为依据，假定企业可以获得的免费碳排放额度为 70 000 千克、75 000 千克、80 000 千克、85 000 千克、90 000 千克，分这五种情况分别进行优化，最终得到了成本与二氧化碳与碳排放限额之间的关系，如表 6－7 所示。

表 6－7　　碳排放限额与碳排放和总成本的关系

碳排放限额（千克）	二氧化碳排放量（千克）	总成本（元）
70 000	360 322.9	2 708 471
75 000	360 451.7	2 706 255
80 000	360 467.4	2 705 512
85 000	360 754.2	2 701 403
90 000	360 959.8	2 699 065

根据以上数据，绘制二氧化碳排放量减少额，以及总成本减少额与碳排放限额之间的趋势图，如图 6－1、图 6－2 所示。

以上数据表明，随着企业获得的免费碳排放限额增加，供应链上的总的二氧化碳排放量逐渐增加，总成本逐渐减小，但是减少趋势有所放缓。

（2）基于碳税的供应链网络优化结果分析。假定税率从 0.01 一直变到 0.1。企业在碳税约束下，设定经济目标函数的影响因子与低碳目标函数的影响因子皆为 0.5。最后对上述模型进行进一步计算，得到供应链网络分布、二氧化碳排放量与总成本的值如表 6－8 所示：

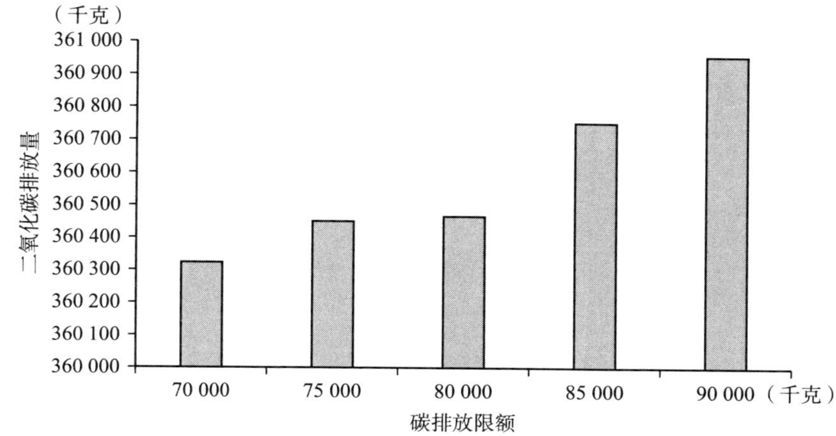

图 6-1　碳排放限额对二氧化碳排放量的影响趋势

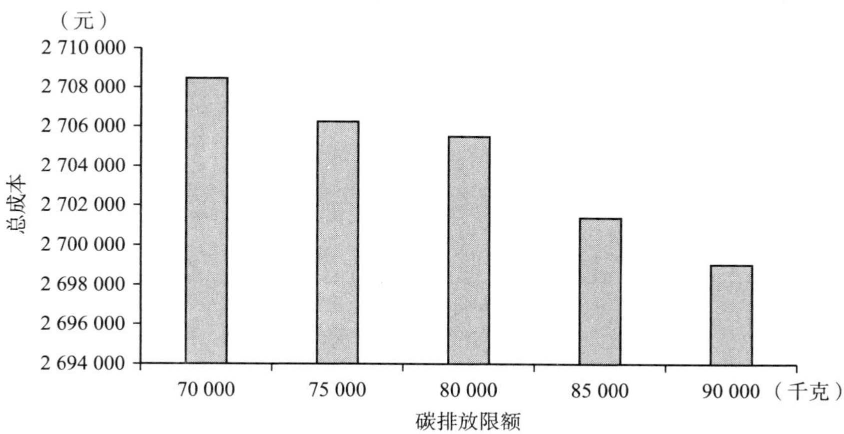

图 6-2　碳排放限额对供应链总成本的影响趋势

表 6-8　　不同碳税税率下的供应链网络节点选择

情景	碳税税率	节点选择			碳排放量（千克）	总成本（元）
		供应商	配送中心	零售店		
1	0.01	1，2	1，3	2，3	360 784.7	2 597 067
2	0.02	1，2	1，3	2，3	360 746.2	2 598 409
3	0.03	1，2	1，3	2，3	360 729.3	2 609 005
4	0.04	1，2	1，3	2，3	360 707.8	2 609 920
5	0.05	1，2	1，3	2，3	360 677.7	2 610 988
6	0.06	1，2	1，3	2，3	360 632.7	2 624 565

续表

情景	碳税税率	节点选择			碳排放量（千克）	总成本（元）
		供应商	配送中心	零售店		
7	0.07	1，2	1，3	2，3	360 596.9	2 637 265
8	0.08	1，2	1，3	2，3	360 514.1	2 649 965
9	0.09	1，2	1，3	2，3	360 435.2	2 658 664
10	0.1	1，2	1，3	2，3	360 322.9	2 677 365

根据以上数据分别绘制总成本与二氧化碳排放量关于税率的趋势图，如图6－3、图6－4所示。

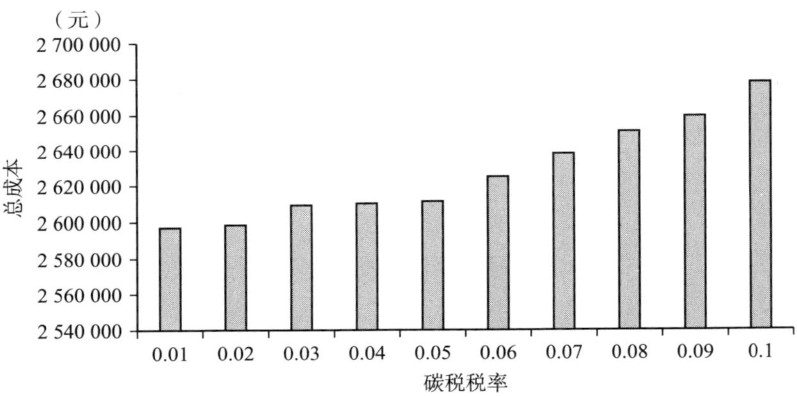

图6－3　碳税对供应链总成本的影响趋势

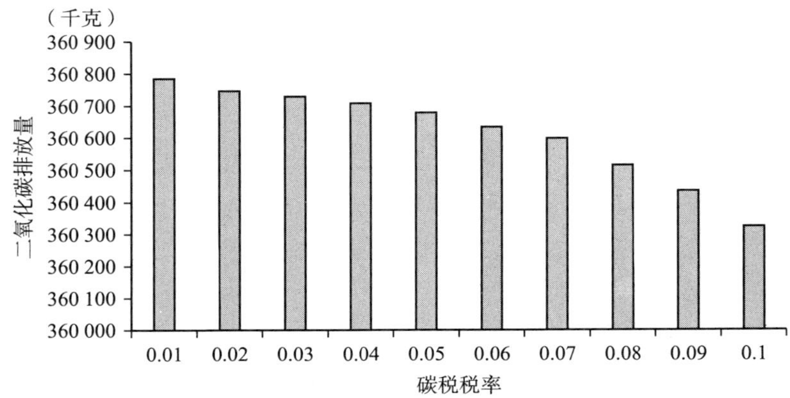

图6－4　碳税对供应链总二氧化碳排放量的影响趋势

以上数据表明，随着碳税税率的增加，碳排放随之减小，并且减小的速度越来越缓慢。导致碳排放量减少的原因在于当政府以更高的税率征收碳税，而企业生产的目标是利润最大化和碳排放最小化。由于产量的增加会导致成本的大幅度增加，从而出现成本超出了利润的情况。因此，当碳排放成本趋于增大时，企业会减少产品的生产，碳排放量由此减少。另一方面，由于产品的生产成本提高了，企业在采用定价策略时，会倾向于提高产品的价格，消费者也会减少对该商品的需求量，因此碳排放也会减少。但是在碳税从 0.01 变化至 0.1 的过程中，碳排放减少的速度由缓慢变到较为急剧的下降，可见，碳税的税率在接近于 0.1 时更敏感，取得的碳减排成效也越大。当税率较高时，企业倾向于减少当前产品的生产，寻找该产品的替代品进行生产，即在生产该产品时，会产生较少的碳排放。由于本书在设定模型时假定碳排放量只与产品数量呈正相关，因此在这里也可以将其理解为企业会采用新技术新手段进行某些产品生产的改进，从而减少碳排放。

随着碳税税率的增加，供应链上的总成本逐渐增大。在碳税税率处于 0.01 ~ 0.06 之间，整个供应链总成本的增加非常缓慢。但是当碳税税率高于 0.07 时，供应链成本增加速度呈线性增长趋势。其意味着在对企业征收较少碳税的初期，企业可采用一些成本较低的措施进行碳减排，但是到了后期，如果企业需要继续进行相当大程度的碳减排，则需要花费较多的成本。

碳税税率的变化并没有对供应链网络中节点的选择造成影响，其原因在于当市场中可供选择的网络节点较少时，生产商需要生产和配送一定数量的商品，去满足消费者的需求。因此，即使生产成本较高，企业也会依旧选择原来的生产和配送节点路径。如果变化网络节点，将会导致更高的生产成本。如果减少相关网络节点的选择，则又会导致生产的产量无法满足消费者的需求。因此，在小规模的算例分析中，碳税的变化并不会对供应链的网络节点选择造成影响。从这个分析中可以看出，当政府对中小企业进行征收碳税时，由于这些小企业所拥有的上下游供应商和订货商数量较少，因此这些企业将会继续选择原先的生产合作者，即保持上游的供应商和下游的订货商不变，但是会调整其生产产品的产量，以使得其所获得的利润最大化。

第二节　大规模算例模拟分析

一、不同碳税水平情景分析

如在第六章第一节中简单供应链网络分析所示，假定碳税税率从 0.01 ~0.1 进行变化，得到碳税税率对于供应链网络设计的敏感性分析。将其应用在扩充的供应链网络情形下时，优化方案如图 6 -5、图 6 -6、表 6 -9、图 6 -7、图 6 -8 所示。其中只展示当碳税税率为 0.01 与 0.05 的情况下的网络图节点选择情况，其余碳税税率情况展示于表 6 -9 中。

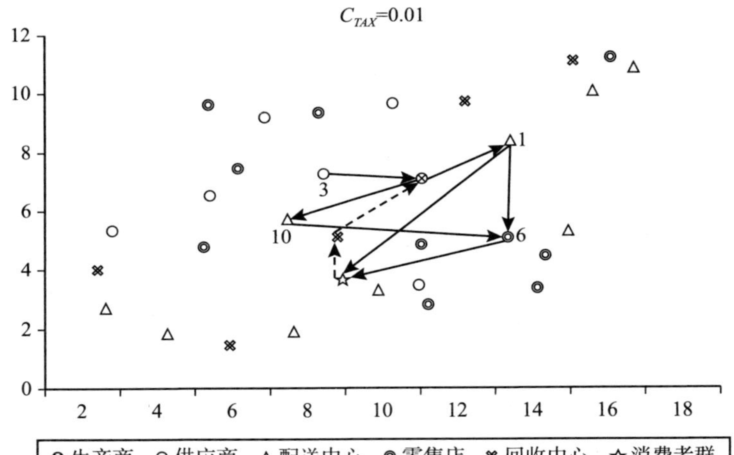

图 6 -5　碳税税率 C_{TAX} =0.01 时的最优网络规划方案

根据表 6 -9 中的数据，分别绘制碳排放量和总成本关于碳税的曲线，可以得到如图 6 -7、图 6 -8 所示。

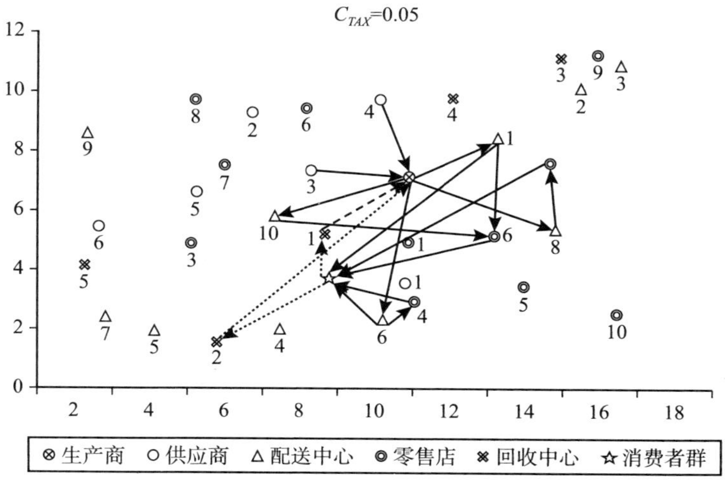

图 6-6　碳税税率 C_{TAX} = 0.05 时的最优网络规划方案

表 6-9　　不同碳税税率下的供应链网络节点选择

情景	碳税税率	节点选择			碳排放量（千克）	总成本（元）
		供应商	配送中心	零售店		
1	0.01	3	1，10	6	1 117 324	3 806 163
2	0.02	3	1，10	2，6	1 088 023	4 521 378
3	0.03	3	1，10	2，6	987 647	4 541 888
4	0.04	3，4	1，6，8，10	3，6	983 943	4 572 589
5	0.05	3，4	1，6，8，10	2，4，6	758 512	5 107 621
6	0.06	3，4	1，6，8，10	2，4，5，6	750 199	5 941 175
7	0.07	1，2，3，	1，2，3，6，8，10	2，4，5，6	701 878	6 299 169
8	0.08	1，2，3	1，2，3，6，8，10	2，4，5，6，7	687 796	9 304 911
9	0.09	1，2，3	1，2，3，6，8，10	2，4，5，6，7	642 622	8 101 954
10	0.1	1，2，3	1，2，3，6，8，10	2，4，5，6，7	431 007	8 832 513

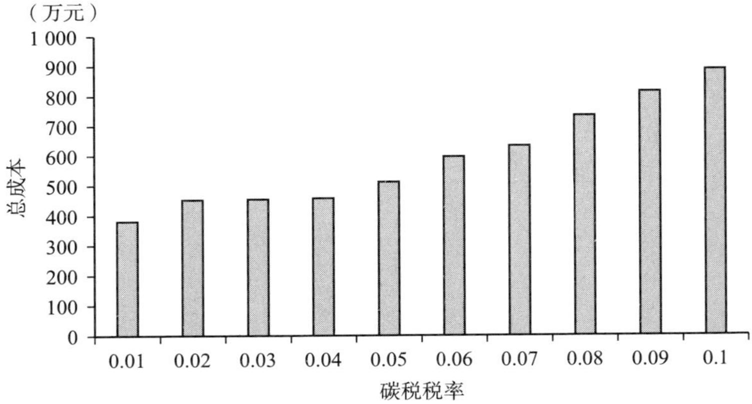

图 6 - 7　碳税对总成本影响趋势

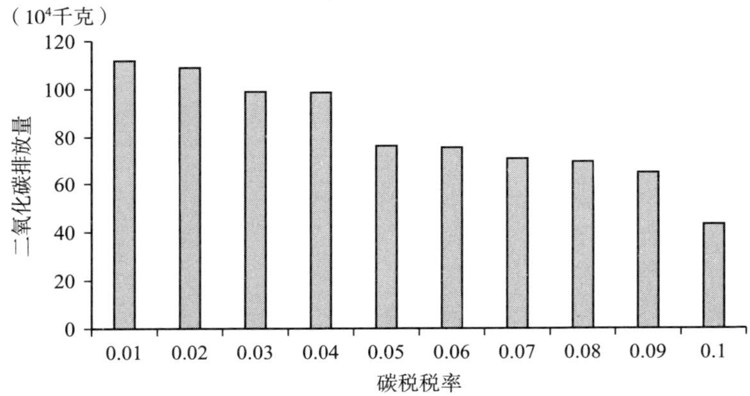

图 6 - 8　碳税对总碳排放量影响趋势

由图 6 - 8 结果所示，整条供应链网络上的成本随着碳税税率的增加而增加，但是增加的幅度却有不同。当碳税税率在 0.01 ~ 0.05 之间，成本的增加幅度很慢，当碳税税率超过 0.05 之后，整条供应链上的成本呈线性增加的趋势。在整个供应链网络碳排放量方面，以碳税税率值为 0.04 为分界线，在税率为 0.01 ~ 0.04 时，碳排放量缓慢减小。碳税税率到达 0.05 时，二氧化碳排放量陡然减小。然后继续随着碳税税率的增加，碳排放又较为平缓地减少。

政府在制定关于碳税税率以及碳排放权交易的额度时，可以参照其对于供应链上的二氧化碳排放量和总成本的影响程度，选择可以较少改变供应链成本，但是又同时可以较大程度减少碳排放的额度值。比如，此次模拟仿真实验中，选取碳税税率为 0.05 便是一个较佳的选择。碳税税率到达 0.05 时，二氧化碳排放量陡然减小，但是成本相对于碳税为 0.04 却是较小幅度的上升。

从另一个角度看，处于供应链上的各个企业，也可以根据政府制定的碳税税率值进行调整其生产运营计划，使得其成本较少的被政策影响，但是与此同时又可以较大程度地减少二氧化碳排放。

二、碳排放权交易制度下不同限额情景

在碳排放限额方面，当企业从政府得到的免费碳排放额度值从 280 吨到 340 吨进行的变化作为约束条件，得到新的最优解和最优网络。为了更为直观地了解政府制定的碳排放限额对供应链总成本的影响情况，本书随机取碳税税率分别为 0.02，0.05 和 0.1 这三种情况，对政府制定的碳排放限额实施灵敏度分析，如图 6-9 至图 6-11 所示。

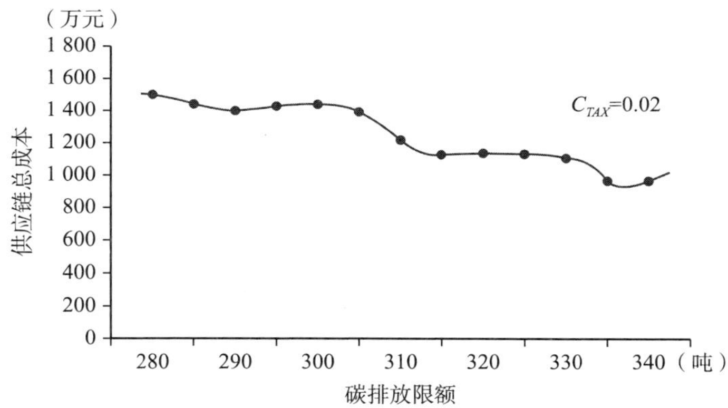

图 6-9 碳税率等于 0.02 时碳排放限额对供应链总成本影响趋势

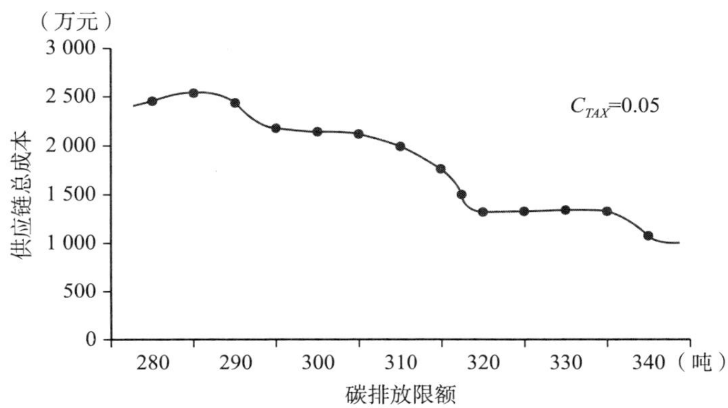

图 6-10 碳税率等于 0.05 时碳排放限额对供应链总成本影响趋势

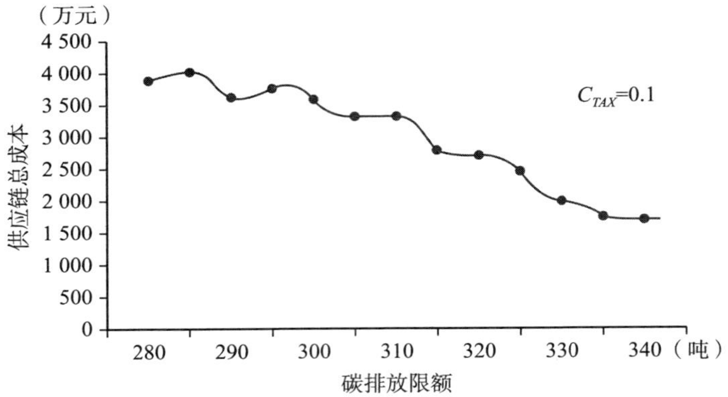

图 6－11　碳税率等于 0.1 时碳排放限额对供应链总成本影响趋势

由图 6－9 至图 6－11 可见，当碳税税率保持在一定幅度值时，随着碳排放限额降低，即政府对供应链上的碳排放量的约束加强，供应链的总成本也随之梯度增加，且随着约束加强，总成本梯度增加的幅度越大。以 C_{TAX} = 0.02 为例，变化幅度在 335～340 和 310～315 之间明显，并且后者变化的幅度明显大于前者变化幅度。由此可以推断，供应链上的总成本对于碳排放限额的不同取值有不同的敏感程度。当碳排放限额的取值较小时，其对于供应链上的总成本更加敏感，因为严格的碳排放量约束会大大提高企业的生产成本。当碳排放限额的取值较大时，其对于供应链上的总成本的影响在敏感度方面相对较小。

在碳税取不同的值时，政府制定的碳排放限额对于供应链上总成本的影响又有所区别。随着碳税税率的增加，碳排放限额对供应链总成本的影响越来越趋于线性，其对供应链总成本的影响越来越大。由此可以推断，当政府对企业征收较高的碳税时，如果再采取严格的碳排放交易制度，则会极大提高企业的生产成本。因此，对于不同的行业，政府在制定碳排放权交易限额时，应根据实际情况，采取不同程度的控制政策。对于碳排放较小，利润较小的行业进行轻度或中度控制。对于碳排放量较高，利润也较大行业，可以考虑进行中度或者重度控制。考虑到限制碳排放会导致成本的增加，而且控制程度越高，增加的成本越高，以及考虑到企业的利润和配合度，政府在制定碳排放限额时，应给与相应的碳补贴，而且制定的碳排放量限额等级越强，所给予的碳补贴力度应越大。

三、线上、线下模式碳排放及成本分析

当假定碳税税率为0.05，并且碳排放权交易免费限额为70 000时，可以得到分别只考虑线下模式、分别只考虑线上模式、同时具有线上模式和线下模式的双渠道闭环供应链上的二氧化碳排放量及总成本。其结果如表6－10所示。

表6－10 在不同碳税税率水平下的线上模式与线下模式二氧化碳排放量

碳税率（%）	二氧化碳排放量（千克）	
	线上模式	线下模式
0.01	186 415.41	155 346.2
0.02	183 373.86	152 811.6
0.03	180 338.79	150 282.3
0.04	174 332.34	145 276.9
0.05	144 323.31	120 269.4
0.06	141 279.81	117 733.2
0.07	138 269.07	115 224.2
0.08	135 214.23	90 142.1
0.09	120 190.56	80 127.7
0.1	108 096.87	72 064.5

由图6－12显示结果可以得知，在不同的碳税税率水平下，线上模式和线下模式的碳排放量相对值不同。在碳税税率介于0.08～0.1时，线上模式和线下模式的碳排放量相对值相差最大。在碳税税率介于0.05～0.07时，线上模式和线下模式的碳排放量相对值相差次之。在碳税税率小于等于0.04时，线上模式和线下模式的碳排放量相对值相差最小。此结果表明当政府征收的二氧化碳税率较低时，线上模式与线下模式的二氧化碳排放量相差不多。但是当碳税税率较高时，线上模式与线下模式的二氧化碳排放量会出现较大的差异。原因在于在政府的碳税政策较为宽松时，生产企业将产品销售出去，会相对同等概率地选择传统零售商模式和电商网上销售模式进行分销。在政府开始征收较高的碳税时，企业会同时减少在传统零售商模式和电商网上销售模式的分销量，但是减少的比例存在差异。生产企业会较多地减少在传统线下渠道分销的

产品数量，在线上电商模式分销的产品数量的减少量相对较少。由此可以得知，较高二氧化碳税的征收对于传统零售渠道的影响会大于对电子商务渠道的影响。

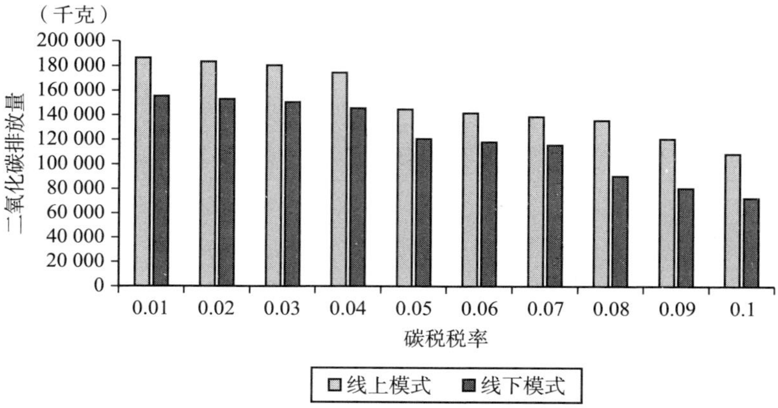

图 6－12　线下模式与线上模式二氧化碳排放量差异对比

第七章

供需量不确定条件下低碳闭环双渠道供应链的鲁棒优化模型

第一节 问题描述

根据相关文献研究，闭环供应链根据回收方式不同，分为三种不同的运作模式，分别为制造商回收型、零售商回收型及第三方回收型。本书根据实际情况，对退货产品进行处理，分为维修、废弃、再利用三种情况，传统模式与网络模式各有不同。在传统模式中，零售商负责再利用，制造商负责维修、废弃工作；在网络模式中，分销中心负责再利用，制造商负责维修、废弃工作。因此，本书在传统正向供应链的基础上增加了网络销售这一渠道，并且包含了维修、废弃、再利用多个环节、考虑整个供应链碳排放的动态低碳闭环双渠道供应链。本书所构建的供应链结构如图 7 – 1 所示。

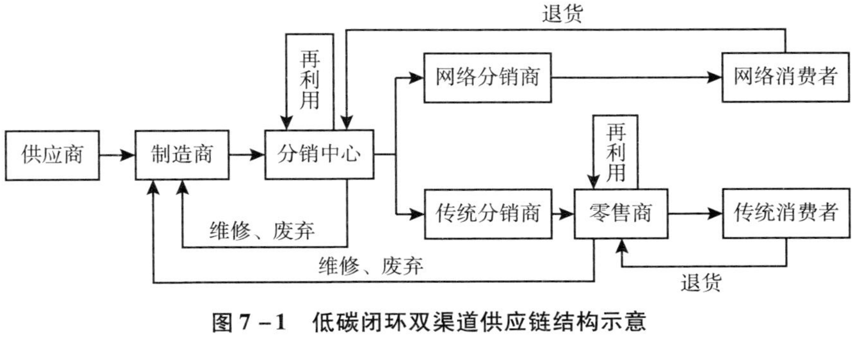

图 7 – 1 低碳闭环双渠道供应链结构示意

本章研究的重点是产品市场需求量和原材料供应量不确定性对闭环供应链运作的影响。本书在遗憾值模型上，运用基于情景分析的方法构建低碳闭环双渠道供应链的鲁棒优化模型，同时运用已知概率的离散情景法来表示供需量不确定性。

本书建立不确定性条件下闭环双渠道供应链运作模型时，综合考虑以下两个目标函数：

目标 1：闭环双渠道供应链系统利润最大。

目标 2：闭环双渠道供应链系统碳排放量最小。

建立不确定条件下低碳闭环双渠道供应链运作模型，可以解决以下 2 个问题，主要是关于供应商和制造商方面：

（1）供应商的原材料供应量以及制造商原材料库存量。

（2）制造商产品生产量、销售量以及分销中心产品库存量。

第二节　模型假设与参数设立

一、假设前提

本章对该模型做出以下合理假设。

（1）制造商、分销中心、分销商、零售商均已选址成功并建成，不考虑建厂费用。

（2）该供应链只考虑生产一种产品。

（3）该供应链中制造商生产的产品全部运送到分销中心，由分销中心进行储存，制造商只负责生产，没有存货成本。

（4）各节点之间只能采用一种运输方式，正向物流不能跨级流动，退货物流可以跨级流动。

（5）制造商负责维修和废弃退货产品，经过维修、再利用处理的产品与原来的是同质无差异的。

（6）网络渠道的退货成本由于原因不同，费用承担者不同。退货原因由分销商或者产品本身引起，退货成本由网络分销商承担，退货原因由消费者自身引起，退货成本则由消费者承担；传统渠道的退货成本由传统分销商承担。

（7）产品退货量由顾客需求决定。

（8）产生碳排放的主要环节为制造商生产过程及产品运输过程以及处理退货时产生的碳排放量。

（9）网络销售市场与传统销售市场的销售价格相同。

二、参数说明

（1）主体参数符号及描述。

I：生产产品所需原材料集合，$I=\{1, 2, \cdots, i\}$

G：产品供应商集合，$G=\{1, 2, \cdots, g\}$

F：制造商集合，$F=\{1, 2, \cdots, f\}$

D：产品库存的分销中心集合，$D=\{1, 2, \cdots, d\}$

$\bar{W}$：传统分销商集合，$\bar{W}=\{1, 2, \cdots, \tilde{\omega}\}$

$\tilde{W}$：网络分销商集合，$\tilde{W}=\{1, 2, \cdots, \tilde{\omega}\}$

$\bar{M}$：传统消费者集合，$\bar{M}=\{1, 2, \cdots, \bar{m}\}$

$\tilde{M}$：网络消费者集合，$\tilde{M}=\{1, 2, \cdots, \tilde{m}\}$

N：零售商集合，$N=\{1, 2, \cdots, n\}$

S：情景种类集合，$S=\{1, 2, \cdots, s\}$

（2）能力参数符号及描述。

A_f：制造商 f 最大生产能力

B_{fi}：制造商 f 对原材料 i 的库存能力

B_d：分销中心 d 对产品的库存能力

E_{fa}：制造商 f 最大维修能力

E_{fc}：制造商 f 最大废弃能力

E_{db}：分销中心 d 最大再利用能力

E_{nb}：零售商 n 最大再利用能力

（3）成本相关参数符号及描述。

r_f：制造商 f 单位产品固定生产成本

v_f：制造商 f 单位产品生产成本

S_{fi}：制造商 f 单位物料 i 库存成本

S_d：分销中心 d 单位产品库存成本

P_i：制造商 f 从供应商 g 购买原材料 i 的价格

P_f：产品生产价格

V_{gfi}：单位产品原材料 i 由供应商 g 到制造商 f 的运输成本

V_{fd}：单位产品由制造商 f 到分销中心 d 的运输成本

$V_{d\bar{w}}$：单位产品由分销中心 d 到传统分销商 $\bar{w}$ 的运输成本

$V_{\bar{w}n}$：单位产品由传统分销商 $\bar{w}$ 到零售商 n 的运输成本

$V_{n\bar{m}}$：单位产品由传统分销商 $\bar{w}$ 到传统消费者 $\bar{m}$ 的运输成本

$V_{d\tilde{w}}$：单位产品由分销中心 d 到网络分销商 $\tilde{w}$ 的运输成本

$V_{\tilde{w}\tilde{m}}$：单位产品由网络分销商 $\tilde{w}$ 到网络消费者 $\tilde{m}$ 的运输成本

V_{nf}：单位产品由零售商 n 到制造商 f 的运输成本

h_{fa}：制造商 f 维修单位产品的费用

h_{fc}：制造商 f 处理废弃单位产品的费用

h_{db}：分销中心 d 再利用单位产品的费用

h_{nb}：零售商 n 再利用单位产品的费用

（4）碳排放量相关参数符号及描述。

e_f：制造商 f 生产单位产品的碳排放量

e_{gfi}：原材料 i 由供应商 g 到制造商 f 的碳排放量

e_{fd}：单位产品由制造商 f 到分销中心 d 的碳排放量

$e_{d\bar{w}}$：单位产品由分销中心 d 到传统分销商 $\bar{w}$ 的碳排放量

$e_{\bar{w}n}$：单位产品由传统分销商 $\bar{w}$ 到零售商 n 的碳排放量

$e_{n\bar{m}}$：单位产品由传统分销商 $\bar{w}$ 到传统消费者 $\bar{m}$ 的碳排放量

$e_{d\tilde{w}}$：单位产品由分销中心 d 到网络分销商 $\tilde{w}$ 的碳排放量

$e_{\tilde{w}\tilde{m}}$：单位产品由网络分销商 $\tilde{w}$ 到网络消费者 $\tilde{m}$ 的碳排放量

e_{fa}：制造商 f 维修单位产品的碳排放量

e_{fb}：制造商 f 处理废弃单位产品的碳排放量

e_{dc}：分销中心 d 再利用单位产品的碳排放量

e_{nc}：零售商 n 再利用单位产品的碳排放量

（5）其他参数符号及描述。

X_{fgi}：原材料 i 的实际供应量

U_{fi}：原材料 i 在制造商 f 的库存量

U_d：产品在分销中心 d 的库存量

$Q_{\bar{m}}$：传统渠道消费者 $\bar{m}$ 的需求量

$Q_{\tilde{m}}$：网络渠道消费者 $\tilde{m}$ 的需求量

$\bar{\alpha}$：传统渠道退回产品的维修概率

$\bar{\beta}$：传统渠道退回产品的再利用概率

$\bar{\gamma}$：传统渠道退回产品的废弃概率

$\tilde{\alpha}$：网络渠道退回产品的维修概率

$\tilde{\beta}$：网络渠道退回产品的再利用概率

$\tilde{\gamma}$：网络渠道退回产品的废弃概率

$\aleph$：产品最终销售价格与生产价格之间的系数

（6）决策变量。

X_f：制造商 f 的实际产量

y_{gfi}：单位原材料 i 由供应商 g 到制造商 f 的运输量

y_{fd}：单位产品由制造商 f 到分销中心 d 的运输量

$y_{d\bar{w}}$：单位产品由分销中心 d 到传统分销商 $\bar{w}$ 的运输量

$y_{d\tilde{w}}$：单位产品由分销中心 d 到网络分销商 $\tilde{w}$ 的运输量

$y_{\bar{w}\bar{m}}$：单位产品由传统分销商 $\bar{w}$ 到传统消费者 $\bar{m}$ 的运输量

$y_{\tilde{w}\tilde{m}}$：单位产品由网络分销商 $\tilde{w}$ 到网络消费者 $\tilde{m}$ 的运输量

y：单位产品销售总量

第三节　低碳闭环双渠道供应链总利润与碳排放量的确定

一、低碳闭环双渠道供应链总成本

（1）采购成本。采购成本是制造商在供应商处购买原材料的费用，表达式如下：

$$\sum_{f\in F}\sum_{g\in G}\sum_{i\in I}P_i\cdot y_{fgi} \tag{7-1}$$

（2）生产成本。低碳闭环双渠道供应链的生产成本包括固定成本和生产总成本，表达式如下：

$$\sum_{f\in F}X_f\cdot(v_f+r_f) \tag{7-2}$$

（3）运输成本。低碳闭环双渠道供应链的运输成本包括网络渠道的运输成本和传统渠道的运输成本之和，表达式如下：

$$\sum_{f\in F}\sum_{d\in D}\sum_{i\in I}y_{gfi}\cdot V_{gfi} \tag{7-3}$$

$$\sum_{f\in F}\sum_{d\in D}y_{fd}\cdot V_{fd} \tag{7-4}$$

$$\sum_{d\in D}\sum_{\bar{w}\in\bar{W}}y_{d\bar{w}}\cdot V_{d\bar{w}} \tag{7-5}$$

$$\sum_{\overline{w} \in \overline{W}} \sum_{n \in N} y_{\overline{w}n} \cdot V_{\overline{w}n} \tag{7-6}$$

$$\sum_{n \in N} \sum_{\overline{m} \in \overline{M}} y_{n\overline{m}} \cdot V_{n\overline{m}} \tag{7-7}$$

$$\sum_{d \in D} \sum_{\widetilde{w} \in \widetilde{W}} y_{d\widetilde{w}} \cdot V_{d\widetilde{w}} \tag{7-8}$$

$$\sum_{\widetilde{w} \in \widetilde{W}} \sum_{\widetilde{m} \in \widetilde{M}} y_{\widetilde{w}\widetilde{m}} \cdot V_{\widetilde{w}\widetilde{m}} \tag{7-9}$$

式（7-3）表示供应商 g 将原材料 i 运输到制造商 f 的运输成本，式（7-4）表示制造商 f 到分销中心 d 的运输成本，式（7-5）表示分销中心 d 到传统分销中心 $\overline{w}$ 的运输成本，式（7-6）表示传统分销中心 $\overline{w}$ 到零售商 n 的运输成本，式（7-7）表示零售商 n 到传统消费市场 $\overline{m}$ 的运输成本；式（7-8）表示分销中心 d 到传统分销中心 $\widetilde{w}$ 的运输成本，式（7-9）表示网络分销中心 $\widetilde{w}$ 到网络消费市场 $\widetilde{m}$ 的运输成本。

（4）库存成本。库存成本包括原材料 i 在制造商 f 的库存成本以及产品在分销中心 d 的库存成本，表达式如下：

$$\sum_{f \in F} \sum_{i \in I} U_{fi} \cdot S_{fi} \tag{7-10}$$

$$\sum_{d \in D} U_d \cdot S_d \tag{7-11}$$

式（7-10）表示原材料 i 在制造商 f 的库存成本，式（7-11）表示产品在分销中心 d 的库存成本。

（5）退货成本。退货成本主要是退货运输成本。传统渠道的退货成本表达式如下：

$$\sum_{n \in N} \sum_{\overline{m} \in \overline{M}} \sum_{f \in F} y_{n\overline{m}} \cdot (\overline{\alpha} + \overline{\gamma}) \cdot V_{nf} \tag{7-12}$$

式（7-12）表示将需要维修和废弃处理的退货由分销中心运输到制造商的运输成本。

网络渠道的退货成本表达式如下：

$$\sum_{\widetilde{w} \in \widetilde{W}} \sum_{\widetilde{m} \in \widetilde{M}} \sum_{d \in D} \sum_{f \in F} y_{\widetilde{w}\widetilde{m}} \cdot (\widetilde{\alpha} + \widetilde{\gamma}) \cdot V_{fd} \tag{7-13}$$

式（7-13）表示将需要维修和废弃处理的退货由零售商运输到制造商的运输成本。

（6）维修费、再利用费、废弃产品费。传统渠道表达式如下：

$$\sum_{f \in F} \sum_{n \in N} \sum_{\overline{m} \in \overline{M}} h_{fa} \cdot y_{n\overline{m}} \cdot \overline{\alpha} + \sum_{n \in N} \sum_{\overline{m} \in \overline{M}} h_{nb} \cdot y_{n\overline{m}} \cdot \overline{\beta} + \sum_{f \in F} \sum_{n \in N} \sum_{\overline{m} \in \overline{M}} h_{fc} \cdot y_{n\overline{m}} \cdot \overline{\gamma} \tag{7-14}$$

网络渠道表达式如下：

$$\sum_{f\in F}\sum_{\widetilde{w}\in\widetilde{W}}\sum_{\widetilde{m}\in\widetilde{M}}h_{fa}\cdot y_{\widetilde{w}\widetilde{m}}\cdot\widetilde{\alpha}+\sum_{d\in D}\sum_{\widetilde{w}\in\widetilde{W}}\sum_{\widetilde{m}\in\widetilde{M}}h_{db}\cdot y_{\widetilde{w}\widetilde{m}}\cdot\widetilde{\beta}+\sum_{f\in F}\sum_{\widetilde{w}\in\widetilde{W}}\sum_{\widetilde{m}\in\widetilde{M}}h_{fc}\cdot y_{\widetilde{w}\widetilde{m}}\cdot\widetilde{\gamma}\tag{7-15}$$

二、低碳闭环双渠道供应链总利润

闭环双渠道供应链的总利润为：

$$P\cdot\aleph\cdot y-\Big[\sum_{f\in F}\sum_{g\in G}\sum_{i\in I}P_i\cdot y_{fgi}+\sum_{f\in F}X_f\cdot(v_f+r_f)+\sum_{f\in F}\sum_{d\in D}\sum_{i\in I}y_{gfi}\cdot V_{gfi}+\sum_{f\in F}\sum_{d\in D}y_{fd}\cdot V_{fd}+\sum_{d\in D}\sum_{\overline{w}\in\overline{W}}y_{d\overline{w}}\cdot V_{d\overline{w}}+\sum_{\overline{w}\in\overline{W}}\sum_{n\in N}y_{\overline{w}n}\cdot V_{\overline{w}n}+\sum_{n\in N}\sum_{\overline{m}\in\overline{M}}y_{n\overline{m}}\cdot V_{n\overline{m}}+\sum_{d\in D}\sum_{\widetilde{w}\in\widetilde{W}}y_{d\widetilde{w}}\cdot V_{d\widetilde{w}}+\sum_{\widetilde{w}\in\widetilde{W}}\sum_{\widetilde{m}\in\widetilde{M}}y_{\widetilde{w}\widetilde{m}}\cdot V_{\widetilde{w}\widetilde{m}}+\sum_{f\in F}\sum_{i\in I}U_{fi}\cdot S_{fi}+\sum_{d\in D}U_d\cdot S_d+\sum_{n\in N}\sum_{\overline{m}\in\overline{M}}\sum_{f\in F}y_{n\overline{m}}\cdot(\overline{\alpha}+\overline{\gamma})\cdot V_{nf}+\sum_{\widetilde{w}\in\widetilde{W}}\sum_{\widetilde{m}\in\widetilde{M}}\sum_{d\in D}\sum_{f\in F}y_{\widetilde{w}\widetilde{m}}\cdot(\widetilde{\alpha}+\widetilde{\gamma})\cdot V_{fd}+\sum_{f\in F}\sum_{n\in N}\sum_{\overline{m}\in\overline{M}}h_{fa}\cdot y_{n\overline{m}}\cdot\overline{\alpha}+\sum_{n\in N}\sum_{\overline{m}\in\overline{M}}h_{nb}\cdot y_{n\overline{m}}\cdot\overline{\beta}+\sum_{f\in F}\sum_{n\in N}\sum_{\overline{m}\in\overline{M}}h_{fc}\cdot y_{n\overline{m}}\cdot\overline{\gamma}+\sum_{f\in F}\sum_{\widetilde{w}\in\widetilde{W}}\sum_{\widetilde{m}\in\widetilde{M}}h_{fa}\cdot y_{\widetilde{w}\widetilde{m}}\cdot\widetilde{\alpha}+\sum_{d\in D}\sum_{\widetilde{w}\in\widetilde{W}}\sum_{\widetilde{m}\in\widetilde{M}}h_{db}\cdot y_{\widetilde{w}\widetilde{m}}\cdot\widetilde{\beta}+\sum_{f\in F}\sum_{\widetilde{w}\in\widetilde{W}}\sum_{\widetilde{m}\in\widetilde{M}}h_{fc}\cdot y_{\widetilde{w}\widetilde{m}}\cdot\widetilde{\gamma}\Big]\tag{7-16}$$

三、低碳闭环双渠道供应链碳排放量

对于供应链而言，实现低碳采购从原材料采购环节减少产品碳排放潜在含量，是供应链低碳化的有效环节，生产环节低碳化时是实现低碳供应链的核心环节，物流环节是联系供应链各环节的重要纽带，运输过程中机动车尾气排放和能源消耗是物流环节是环境污染的主要来源。产品回收是闭环供应链的最后一个环节，对供应链低碳化和提高效益有着空前作用[232]。

本书主要从产品生产过程、原材料和产品运输过程及产品维修、再利用、废弃处理过程研究碳排放量，表达式如下：

$$\sum_{f\in F}e_f\cdot X_f\tag{7-17}$$

$$\sum_{g\in G}\sum_{f\in F}\sum_{i\in I}e_{gfi}\cdot y_{gfi}\tag{7-18}$$

$$\sum_{f \in F} \sum_{d \in D} e_{fd} \cdot y_{fd} \tag{7-19}$$

$$\sum_{d \in D} \sum_{\bar{w} \in \bar{W}} y_{d\bar{w}} \cdot e_{d\bar{w}} \tag{7-20}$$

$$\sum_{\bar{w} \in \bar{W}} \sum_{n \in N} y_{\bar{w}n} \cdot e_{\bar{w}n} \tag{7-21}$$

$$\sum_{n \in N} \sum_{\bar{m} \in \bar{M}} y_{n\bar{m}} \cdot e_{n\bar{m}} \tag{7-22}$$

$$\sum_{d \in D} \sum_{\tilde{w} \in \tilde{W}} y_{d\tilde{w}} \cdot e_{d\tilde{w}} \tag{7-23}$$

$$\sum_{\tilde{w} \in \tilde{W}} \sum_{\tilde{m} \in \tilde{M}} y_{\tilde{w}\tilde{m}} \cdot e_{\tilde{w}\tilde{m}} \tag{7-24}$$

$$\sum_{\tilde{w} \in \tilde{W}} \sum_{\tilde{m} \in \tilde{M}} \sum_{n \in N} \sum_{\bar{m} \in \bar{M}} \sum_{f \in F} (y_{n\bar{m}} \cdot \bar{\alpha} + y_{\tilde{w}\tilde{m}} \cdot \tilde{\alpha}) \cdot e_{fa} \tag{7-25}$$

$$\sum_{\tilde{w} \in \tilde{W}} \sum_{\tilde{m} \in \tilde{M}} \sum_{n \in N} \sum_{\bar{m} \in \bar{M}} \sum_{f \in F} (y_{n\bar{m}} \cdot \bar{\gamma} + y_{\tilde{w}\tilde{m}} \cdot \tilde{\gamma}) \cdot e_{fb} \tag{7-26}$$

$$\sum_{n \in N} \sum_{\bar{m} \in \bar{M}} y_{n\bar{m}} \cdot \bar{\beta} \cdot e_{nc} + \sum_{\tilde{w} \in \tilde{W}} \sum_{\tilde{m} \in \tilde{M}} y_{\tilde{w}\tilde{m}} \cdot \tilde{\beta} \cdot e_{dc} \tag{7-27}$$

式（7－17）表示制造商 f 生产产品的碳排放量；式（7－18）表示供应商 g 将原材料 i 运输到制造商 f 的碳排放量，式（7－19）表示制造商 f 将产品运输到分销中心 d 的碳排放量，式（7－20）表示分销中心 d 到传统分销中心 $\bar{w}$ 的碳排放量，式（7－21）表示传统分销中心 $\bar{w}$ 到零售商 n 的碳排放量，式（7－22）表示零售商 n 到传统消费市场 $\bar{m}$ 的碳排放量；式（7－23）表示分销中心 d 到传统分销中心 $\tilde{w}$ 的碳排放量，式（7－24）表示网络分销中心 $\tilde{w}$ 到网络消费市场 $\tilde{m}$ 的碳排放量，式（7－25）表示退回产品的维修过程的碳排放量，式（7－26）表示退回产品的再利用过程的碳排放量，式（7－27）表示退回产品废弃过程的碳排放量。

第四节　低碳闭环双渠道供应链网络模型构建

一、目标函数

考虑碳排放的闭环双渠道供应链网络以经济绩效和环境绩效为目标建立多目标规划模型，从经济绩效出发，供应链的参与各方（包括供应商、制造商、分销中心、网络分销商、网络消费市场、传统分销商、零售商、传统消费市场）的利润最大，其中成本包括采购成本、生产成本、运输成本、储存成本、退货成本、维修费、再利用费、废弃产品费。从环境绩效出发，供应链运作中各个环节的工作碳排放量最小，本论文主要考虑生产过程中的碳排放、运输过程中的碳排放以及回收产品过程中所产生的碳排放量。所以，低碳闭环双渠道供应链网络模型是一个多目标的线性规划问题。

（1）多目标规划问题的一般方法。影响碳足迹有诸多因素，包括供应链网络所采用的采购策略、运输策略、库存策略、回收模式、网络结构、能源利用、交易方式等[233]。徐安在对多目标规划问题的解决办法进行研究时，总结了六种解决办法，分别为主要目标法、分层序列法、功效系数法、理想点法、线性加权和法、平方和加权法[234]。

（2）低碳双渠道闭环供应链双目标问题处理方法。对低碳双渠道闭环供应链的两个目标进行处理时，应该综合考虑碳排放市场所处发展阶段、国家以及国际对碳排放的政策要求等因素，根据不同发展阶段和政策，采用不同的处理方式。根据袁晓丽提出的碳排放目标和成本目标的处理方法，我国碳交易市场处于初中级发展阶段，可运用权重法，引入碳排放价格 C_{co_2} 这一参数，将碳排放量目标和成本目标转化为同一级别，最后进行求解[235]。

最终得到处理后的低碳双渠道闭环供应链利润为：

$$
\begin{aligned}
\operatorname{Max}F = {} & P \cdot \aleph \cdot y - \Big[\sum_{f\in F}\sum_{g\in G}\sum_{i\in I} P_i \cdot y_{fgi} + \sum_{f\in F} X_f \cdot (v_f + r_f) \\
& + \sum_{f\in F}\sum_{d\in D}\sum_{i\in I} y_{gfi} \cdot V_{gfi} + \sum_{f\in F}\sum_{d\in D} y_{fd} \cdot V_{fd} + \sum_{d\in D}\sum_{\overline{w}\in\overline{W}} y_{d\overline{w}} \cdot V_{d\overline{w}} \\
& + \sum_{\overline{w}\in\overline{W}}\sum_{n\in N} y_{\overline{w}n} \cdot V_{\overline{w}n} + \sum_{n\in N}\sum_{\overline{m}\in\overline{M}} y_{n\overline{m}} \cdot V_{n\overline{m}} \\
& + \sum_{d\in D}\sum_{\widetilde{w}\in\widetilde{W}} y_{d\widetilde{w}} \cdot V_{d\widetilde{w}} + \sum_{\widetilde{w}\in\widetilde{W}}\sum_{\widetilde{m}\in\widetilde{M}} y_{\widetilde{w}\widetilde{m}} \cdot V_{\widetilde{w}\widetilde{m}} + \sum_{f\in F}\sum_{i\in I} U_{fi} \cdot S_{fi} \\
& + \sum_{d\in D} U_d \cdot S_d + \sum_{n\in N}\sum_{\overline{m}\in\overline{M}}\sum_{f\in F} y_{n\overline{m}} \cdot (\overline{\alpha} + \overline{\gamma}) \cdot V_{nf} \\
& + \sum_{\widetilde{w}\in\widetilde{W}}\sum_{\widetilde{m}\in\widetilde{M}}\sum_{d\in D}\sum_{f\in F} y_{\widetilde{w}\widetilde{m}} \cdot (\widetilde{\alpha} + \widetilde{\gamma}) \cdot V_{fd} + \sum_{f\in F}\sum_{n\in N}\sum_{\overline{m}\in\overline{M}} h_{fa} \cdot y_{n\overline{m}} \cdot \overline{\alpha} \\
& + \sum_{n\in N}\sum_{\overline{m}\in\overline{M}} h_{nb} \cdot y_{n\overline{m}} \cdot \overline{\beta} + \sum_{f\in F}\sum_{n\in N}\sum_{\overline{m}\in\overline{M}} h_{fc} \cdot y_{n\overline{m}} \cdot \overline{\gamma} \\
& + \sum_{f\in F}\sum_{\widetilde{w}\in\widetilde{W}}\sum_{\widetilde{m}\in\widetilde{M}} h_{fa} \cdot y_{\widetilde{w}\widetilde{m}} \cdot \widetilde{\alpha} + \sum_{d\in D}\sum_{\widetilde{w}\in\widetilde{W}}\sum_{\widetilde{m}\in\widetilde{M}} h_{db} \cdot y_{\widetilde{w}\widetilde{m}} \cdot \widetilde{\beta} \\
& + \sum_{f\in F}\sum_{\widetilde{w}\in\widetilde{W}}\sum_{\widetilde{m}\in\widetilde{M}} h_{fc} \cdot y_{\widetilde{w}\widetilde{m}} \cdot \widetilde{\gamma} \Big] - C_{co_2} \cdot \Big[\sum_{f\in F} e_f \cdot X_f \\
& + \sum_{g\in G}\sum_{f\in F}\sum_{i\in I} e_{gfi} \cdot y_{gfi} + \sum_{f\in F}\sum_{d\in D} e_{fd} \cdot y_{fd} + \sum_{d\in D}\sum_{\overline{w}\in\overline{W}} y_{d\overline{w}} \cdot e_{d\overline{w}}
\end{aligned}
$$

$$+ \sum_{\overline{w} \in \overline{W}} \sum_{n \in N} y_{\overline{w}n} \cdot e_{\overline{w}n} + \sum_{n \in N} \sum_{\overline{m} \in \overline{M}} y_{n\overline{m}} \cdot e_{n\overline{m}} + \sum_{d \in D} \sum_{\widetilde{w} \in \widetilde{W}} y_{d\widetilde{w}} \cdot e_{d\widetilde{w}}$$

$$+ \sum_{\widetilde{w} \in \widetilde{W}} \sum_{\widetilde{m} \in \widetilde{M}} y_{\widetilde{w}\widetilde{m}} \cdot e_{\widetilde{w}\widetilde{m}} + \sum_{\widetilde{w} \in \widetilde{W}} \sum_{\widetilde{m} \in \widetilde{M}} \sum_{n \in N} \sum_{\overline{m} \in \overline{M}} \sum_{f \in F} (y_{n\overline{m}} \cdot \bar{\alpha}$$

$$+ y_{\widetilde{w}\widetilde{m}} \cdot \tilde{\alpha}) \cdot e_{fa} + \sum_{\widetilde{w} \in \widetilde{W}} \sum_{\widetilde{m} \in \widetilde{M}} \sum_{n \in N} \sum_{\overline{m} \in \overline{M}} \sum_{f \in F} (y_{n\overline{m}} \cdot \bar{\gamma}$$

$$+ y_{\widetilde{w}\widetilde{m}} \cdot \tilde{\gamma}) \cdot e_{fb} + \sum_{n \in N} \sum_{\overline{m} \in \overline{M}} y_{n\overline{m}} \cdot \bar{\beta} \cdot e_{nc}$$

$$+ \sum_{\widetilde{w} \in \widetilde{W}} \sum_{\widetilde{m} \in \widetilde{M}} y_{\widetilde{w}\widetilde{m}} \cdot \tilde{\beta} \cdot e_{dc} \Big] \tag{7-28}$$

二、约束条件

（1）平衡约束。

$$\sum_{f \in F} \sum_{d \in D} y_{fd} = \sum_{f \in F} X_f + \sum_{n \in N} \sum_{\overline{m} \in \overline{M}} y_{n\overline{m}} \cdot \bar{\alpha} + \sum_{\widetilde{w} \in \widetilde{W}} \sum_{\widetilde{m} \in \widetilde{M}} y_{\widetilde{w}\widetilde{m}} \cdot \tilde{\alpha} \tag{7-29}$$

$$\sum_{f \in F} \sum_{d \in D} y_{fd} \geqslant \sum_{d \in D} \sum_{\overline{w} \in \overline{W}} y_{d\overline{w}} + \sum_{d \in D} \sum_{\widetilde{w} \in \widetilde{W}} y_{d\widetilde{w}} \tag{7-30}$$

$$\sum_{d \in D} \sum_{\overline{w} \in \overline{W}} y_{d\overline{w}} = \sum_{\overline{m} \in \overline{M}} Q_{\overline{m}} \tag{7-31}$$

$$\sum_{d \in D} \sum_{\widetilde{w} \in \widetilde{W}} y_{d\widetilde{w}} = \sum_{\widetilde{m} \in \widetilde{M}} Q_{\widetilde{m}} \tag{7-32}$$

$$y = \sum_{\overline{w} \in \overline{W}} \sum_{\overline{m} \in \overline{M}} y_{\overline{w}\,\overline{m}} + \sum_{\widetilde{w} \in \widetilde{W}} \sum_{\widetilde{m} \in \widetilde{M}} y_{\widetilde{w}\widetilde{m}} - \sum_{n \in N} \sum_{\overline{m} \in \overline{M}} y_{n\overline{m}} \cdot (\bar{\alpha} + \bar{\beta} + \bar{\gamma})$$

$$- \sum_{\widetilde{w} \in \widetilde{W}} \sum_{\widetilde{m} \in \widetilde{M}} y_{\widetilde{w}\widetilde{m}} \cdot (\tilde{\alpha} + \tilde{\beta} + \tilde{\gamma}) \tag{7-33}$$

$$\sum_{d \in D} \sum_{\overline{w} \in \overline{W}} y_{d\overline{w}} = \sum_{\overline{w} \in \overline{W}} \sum_{n \in N} y_{\overline{w}n} = \sum_{n \in N} \sum_{\overline{m} \in \overline{M}} y_{n\overline{m}} \tag{7-34}$$

$$\sum_{d \in D} \sum_{\widetilde{w} \in \widetilde{W}} y_{d\widetilde{w}} = \sum_{\widetilde{w} \in \widetilde{W}} \sum_{\widetilde{m} \in \widetilde{M}} y_{\widetilde{w}\widetilde{m}} \tag{7-35}$$

$$\sum_{d \in D} U_d = \sum_{f \in F} \sum_{d \in D} y_{fd} - \sum_{d \in D} \sum_{\overline{w} \in \overline{W}} y_{d\overline{w}} - \sum_{d \in D} \sum_{\widetilde{w} \in \widetilde{W}} y_{d\widetilde{w}} \tag{7-36}$$

$$\sum_{f \in F} \sum_{i \in I} U_{fi}^{s} = \sum_{g \in G} \sum_{f \in F} \sum_{i \in I} y_{gfi}^{s} - \sum_{i \in I} \sum_{f \in F} X_f \tag{7-37}$$

$$y_{gfi},\ y_{fd},\ y_{d\overline{w}},\ y_{d\widetilde{w}},\ y_{\overline{w}n},\ y_{n\overline{m}},\ y_{\widetilde{w}\widetilde{m}},\ y,\ U_d,\ U_{fi} \geqslant 0 \tag{7-38}$$

式（7-29）表示从制造商f输出的物流量等于制造商f生产和经过维修后的物流量之和，等式右边第一项表示制造商f的生产量，第二项表示传统渠道的维修量，第三项表示网络渠道的维修量；式（7-30）表示从分销中心d输入的物流量不小于其输出的物流量；式（7-31）表示传统渠道中供需平衡；式（7－32）表示网络渠道中供需平衡；式（7－33）表示产品最终销售量等于传统销售渠道和网络销售渠道销售量之和减去回收、废弃、再利用的产品量；式（7－34）表示产品由分配中心 d 到传统分销商 $\bar{w}$ 的运输量等于传统分销商 $\bar{w}$ 到零售商 n 的运输量，同时也等于零售商 n 到传统市场 $\bar{m}$ 以及传统渠道再利用的运输量之和；式（7－35）表示产品由分配中心 d 到网络分销商 $\tilde{w}$ 的运输量等于网络分销商 $\tilde{w}$ 到网络市场 $\tilde{m}$ 的运输量；式（7－36）表示产品的在分配中心 d 的库存量等于原始库存量和制造商 f 到分配中心 d 的运输量之和减去传统渠道的销售量再减去网络渠道的销售量；式（7－37）表示原材料 i 在制造商 f 的库存量等于原始库存量和供应商 g 到制造商 f 的运输量减去制造商 f 生产消耗的原材料；式（7－38）保证所有的决策变量的非负性。

（2）能力约束。

$$\sum_{i \in I} U_{fi} \leqslant \sum_{i \in I} B_{fi}, \forall f \tag{7-39}$$

$$X_f \leqslant A_f, \quad \forall f \tag{7-40}$$

$$U_d \leqslant B_d, \quad \forall d \tag{7-41}$$

$$\sum_{n \in N} \sum_{\bar{m} \in \bar{M}} y_{n\bar{m}} \cdot \bar{\alpha} + \sum_{\tilde{w} \in \tilde{W}} \sum_{\tilde{m} \in \tilde{M}} y_{\tilde{w}\tilde{m}} \cdot \tilde{\alpha} \leqslant \sum_{f \in F} E_{fa} \tag{7-42}$$

$$\sum_{\bar{w} \in \bar{W}} \sum_{\bar{m} \in \bar{M}} y_{\bar{w}\bar{m}} \cdot \bar{\beta} \leqslant \sum_{n \in N} E_{nb} \tag{7-43}$$

$$\sum_{\tilde{w} \in \tilde{W}} \sum_{\tilde{m} \in \tilde{M}} y_{\tilde{w}\tilde{m}} \cdot \tilde{\beta} \leqslant \sum_{d \in D} E_{db} \tag{7-44}$$

$$\sum_{n \in N} \sum_{\bar{m} \in \bar{M}} y_{n\bar{m}} \cdot \bar{\gamma} + \sum_{\tilde{w} \in \tilde{W}} \sum_{\tilde{m} \in \tilde{M}} y_{\tilde{w}\tilde{m}} \cdot \tilde{\gamma} \leqslant \sum_{f \in F} E_{fc} \tag{7-45}$$

式（7－39）表示原材料 i 在制造商 f 的库存量不大于制造商 f 对原材料 i 的最大库存能力；式（7－40）表示制造商 f 的实际生产数量不大于其最大生产能力；式（7－41）表示分销中心 d 的库存数量不大于其最大库存能力；式（7－42）表示制造中心 f 的维修数量不大于其最大维修能力；式（7－43）表示零售商 n 再利用数量不大于其最大再利用能力；式（7－44）表示分销中心 d 再利用数量不大于其最大再利用能力；式（7－45）表示制造中心 f 的废弃产品数量不大于其最大废弃处理能力。

第五节 基于情景分析和遗憾值的低碳闭环双渠道供应链鲁棒优化模型

基于第二章对鲁棒优化模型方法介绍，本章采用遗憾值模型，基于情景分析的方法对第四节所构建的模型进行优化，优化准则为所有情景下该供应链系统成本偏离最优目标成本的最大偏离率（即相对遗憾值）最小化。同样引入给定的参数 $\omega \geqslant 0$，对于任意 $\forall s \in S$，X_s 为式（7－28）的可行解，F_s 为可行解 X_s 下的目标函数值，F_s^* 为原问题的最优解。则原问题的鲁棒优化模型如下：

$$
\begin{aligned}
\max F_{\omega} = & \sum_{s \in S} P_s \cdot F_s \\
= \sum P_s \Bigg[& P \cdot \aleph \cdot y^s - \Big[\sum_{f \in F} \sum_{g \in G} \sum_{i \in I} P_i \cdot y^s_{fgi} + \sum_{f \in F} X_f \cdot (v_f + r_f) \\
& + \sum_{f \in F} \sum_{d \in D} \sum_{i \in I} y^s_{gfi} \cdot V_{gfi} + \sum_{f \in F} \sum_{d \in D} y^s_{fd} \cdot V_{fd} + \sum_{d \in D} \sum_{\overline{w} \in \overline{W}} y^s_{d\overline{w}} \cdot V_{d\overline{w}} \\
& + \sum_{\overline{w} \in \overline{W}} \sum_{n \in N} y^s_{\overline{w}n} \cdot V_{\overline{w}n} + \sum_{n \in N} \sum_{\overline{m} \in \overline{M}} y^s_{n\overline{m}} \cdot V_{n\overline{m}} + \sum_{d \in D} \sum_{\widetilde{w} \in \widetilde{W}} y^s_{d\widetilde{w}} \cdot V_{d\widetilde{w}} \\
& + \sum_{\widetilde{w} \in \widetilde{W}} \sum_{\widetilde{m} \in \widetilde{M}} y^s_{\widetilde{w}\widetilde{m}} \cdot V_{\widetilde{w}\widetilde{m}} + \sum_{f \in F} \sum_{i \in I} U^s_{fi} \cdot S_{fi} + \sum_{d \in D} U^s_d \cdot S_d \\
& + \sum_{n \in N} \sum_{\overline{m} \in \overline{M}} \sum_{f \in F} y^s_{n\overline{m}} \cdot (\overline{\alpha} + \overline{\gamma}) \cdot V_{nf} + \sum_{\widetilde{w} \in \widetilde{W}} \sum_{\widetilde{m} \in \widetilde{M}} \sum_{d \in D} \sum_{f \in F} y^s_{\widetilde{w}\widetilde{m}} \cdot (\widetilde{\alpha} + \widetilde{\gamma}) \cdot V_{fd} \\
& + \sum_{f \in F} \sum_{n \in N} \sum_{\overline{m} \in \overline{M}} h_{fa} \cdot y^s_{n\overline{m}} \cdot \overline{\alpha} + \sum_{n \in N} \sum_{\overline{m} \in \overline{M}} h_{nb} \cdot y^s_{n\overline{m}} \cdot \overline{\beta} \\
& + \sum_{f \in F} \sum_{n \in N} \sum_{\overline{m} \in \overline{M}} h_{fc} \cdot y^s_{n\overline{m}} \cdot \overline{\gamma} + \sum_{f \in F} \sum_{\widetilde{w} \in \widetilde{W}} \sum_{\widetilde{m} \in \widetilde{M}} h_{fa} \cdot y^s_{\widetilde{w}\widetilde{m}} \cdot \widetilde{\alpha} \\
& + \sum_{d \in D} \sum_{\widetilde{w} \in \widetilde{W}} \sum_{\widetilde{m} \in \widetilde{M}} h_{db} \cdot y^s_{\widetilde{w}\widetilde{m}} \cdot \widetilde{\beta} + \sum_{f \in F} \sum_{\widetilde{w} \in \widetilde{W}} \sum_{\widetilde{m} \in \widetilde{M}} h_{fc} \cdot y^s_{\widetilde{w}\widetilde{m}} \cdot \widetilde{\gamma} \Big] \\
& - C_{co_2} \cdot \Big[\sum_{f \in F} e_f \cdot X_f + \sum_{g \in G} \sum_{f \in F} \sum_{i \in I} e_{gfi} \cdot y^s_{gfi} + \sum_{f \in F} \sum_{d \in D} e_{fd} \cdot y^s_{fd} \\
& + \sum_{d \in D} \sum_{\overline{w} \in \overline{W}} y^s_{d\overline{w}} \cdot e_{d\overline{w}} + \sum_{\overline{w} \in \overline{W}} \sum_{n \in N} y^s_{\overline{w}n} \cdot e_{\overline{w}n} + \sum_{n \in N} \sum_{\overline{m} \in \overline{M}} y^s_{n\overline{m}} \cdot e_{n\overline{m}} \\
& + \sum_{d \in D} \sum_{\widetilde{w} \in \widetilde{W}} y^s_{d\widetilde{w}} \cdot e_{d\widetilde{w}} + \sum_{\widetilde{w} \in \widetilde{W}} \sum_{\widetilde{m} \in \widetilde{M}} y^s_{\widetilde{w}\widetilde{m}} \cdot e_{\widetilde{w}\widetilde{m}} \\
& + \sum_{\widetilde{w} \in \widetilde{W}} \sum_{\widetilde{m} \in \widetilde{M}} \sum_{n \in N} \sum_{\overline{m} \in \overline{M}} \sum_{f \in F} (y^s_{n\overline{m}} \cdot \overline{\alpha} + y^s_{\widetilde{w}\widetilde{m}} \cdot \widetilde{\alpha}) \cdot e_{fa} \\
& + \sum_{\widetilde{w} \in \widetilde{W}} \sum_{\widetilde{m} \in \widetilde{M}} \sum_{n \in N} \sum_{\overline{m} \in \overline{M}} \sum_{f \in F} (y^s_{n\overline{m}} \cdot \overline{\gamma} + y^s_{\widetilde{w}\widetilde{m}} \cdot \widetilde{\gamma}) \cdot e_{fb} \\
& + \sum_{n \in N} \sum_{\overline{m} \in \overline{M}} y^s_{n\overline{m}} \cdot \overline{\beta} \cdot e_{nc} + \sum_{\widetilde{w} \in \widetilde{W}} \sum_{\widetilde{m} \in \widetilde{M}} y^s_{\widetilde{w}\widetilde{m}} \cdot \widetilde{\beta} \cdot e_{dc} \Big] \Bigg]
\end{aligned}
\tag{7-46}
$$

s. t.

$$F_s^* = \max F_s, \quad \forall s \in S \tag{7-47}$$

$$\frac{F_s^* - F_s(X)}{F_s^*} \leqslant \omega, \quad \forall s \in S \tag{7-48}$$

$$\sum_{f \in F} \sum_{d \in D} y_{fd}^s = \sum_{f \in F} X_f + \sum_{n \in N} \sum_{\overline{m} \in \overline{M}} y_{n\overline{m}}^s \cdot \overline{\alpha} + \sum_{\widetilde{w} \in \widetilde{W}} \sum_{\widetilde{m} \in \widetilde{M}} y_{\widetilde{w}\widetilde{m}}^s \cdot \widetilde{\alpha} \tag{7-49}$$

$$\sum_{f \in F} \sum_{d \in D} y_{fd}^s \geqslant \sum_{d \in D} \sum_{\overline{w} \in \overline{W}} y_{d\overline{w}}^s + \sum_{d \in D} \sum_{\widetilde{w} \in \widetilde{W}} y_{d\widetilde{w}}^s \tag{7-50}$$

$$\sum_{d \in D} \sum_{\overline{w} \in \overline{W}} y_{d\overline{w}}^s = \sum_{\overline{m} \in \overline{M}} Q_{\overline{m}}^s \tag{7-51}$$

$$\sum_{d \in D} \sum_{\widetilde{w} \in \widetilde{W}} y_{d\widetilde{w}}^s = \sum_{\widetilde{m} \in \widetilde{M}} Q_{\widetilde{m}}^s \tag{7-52}$$

$$y^s = \sum_{\overline{w} \in \overline{W}} \sum_{\overline{m} \in \overline{M}} y_{\overline{w}\,\overline{m}}^s + \sum_{\widetilde{w} \in \widetilde{W}} \sum_{\widetilde{m} \in \widetilde{M}} y_{\widetilde{w}\widetilde{m}}^s - \sum_{n \in N} \sum_{\overline{m} \in \overline{M}} y_{n\overline{m}}^s \cdot (\overline{\alpha} + \overline{\beta} + \overline{\gamma})$$
$$- \sum_{\widetilde{w} \in \widetilde{W}} \sum_{\widetilde{m} \in \widetilde{M}} y_{\widetilde{w}\widetilde{m}}^s \cdot (\widetilde{\alpha} + \widetilde{\beta} + \widetilde{\gamma}) \tag{7-53}$$

$$\sum_{d \in D} \sum_{\overline{w} \in \overline{W}} y_{d\overline{w}}^s = \sum_{\overline{w} \in \overline{W}} \sum_{n \in N} y_{\overline{w}n}^s = \sum_{n \in N} \sum_{\overline{m} \in \overline{M}} y_{n\overline{m}}^s \tag{7-54}$$

$$\sum_{d \in D} \sum_{\widetilde{w} \in \widetilde{W}} y_{d\widetilde{w}}^s = \sum_{\widetilde{w} \in \widetilde{W}} \sum_{\widetilde{m} \in \widetilde{M}} y_{\widetilde{w}\widetilde{m}}^s \tag{7-55}$$

$$\sum_{d \in D} U_d^s = \sum_{f \in F} \sum_{d \in D} y_{fd}^s - \sum_{d \in D} \sum_{\overline{w} \in \overline{W}} y_{d\overline{w}}^s - \sum_{d \in D} \sum_{\widetilde{w} \in \widetilde{W}} y_{d\widetilde{w}}^s \tag{7-56}$$

$$\sum_{f \in F} \sum_{i \in I} U_{fi}^s = \sum_{g \in G} \sum_{f \in F} \sum_{i \in I} y_{gfi}^s - \sum_{i \in I} \sum_{f \in F} X_f \tag{7-57}$$

$$y_{gfi}^s,\ y_{fd}^s,\ y_{d\overline{w}}^s,\ y_{d\widetilde{w}}^s,\ y_{\overline{w}n}^s,\ y_{n\overline{m}}^s,\ y_{\widetilde{w}\widetilde{m}}^s,\ y^s,\ U_d^s,\ U_{fi}^s \geqslant 0 \tag{7-58}$$

$$\sum_{f \in F} \sum_{i \in I} U_{fi}^s \leqslant \sum_{f \in F} \sum_{i \in I} B_{fi} \tag{7-59}$$

$$\sum_{f \in F} X_f \leqslant \sum_{f \in F} A_f \tag{7-60}$$

$$\sum_{d \in D} U_d^s \leqslant \sum_{d \in D} B_d \tag{7-61}$$

$$\sum_{n \in N} \sum_{\overline{m} \in \overline{M}} y_{n\overline{m}}^s \cdot \overline{\alpha} + \sum_{\widetilde{w} \in \widetilde{W}} \sum_{\widetilde{m} \in \widetilde{M}} y_{\widetilde{w}\widetilde{m}}^s \cdot \widetilde{\alpha} \leqslant \sum_{f \in F} E_{fa} \tag{7-62}$$

$$\sum_{n \in N} \sum_{\overline{m} \in \overline{M}} y_{n\overline{m}}^s \cdot \overline{\beta} \leqslant \sum_{n \in N} E_{nb} \tag{7-63}$$

$$\sum_{\widetilde{w} \in \widetilde{W}} \sum_{\widetilde{m} \in \widetilde{M}} y_{\widetilde{w}\widetilde{m}}^s \cdot \widetilde{\beta} \leqslant \sum_{d \in D} E_{db} \tag{7-64}$$

$$\sum_{n \in N} \sum_{\overline{m} \in \overline{M}} y_{n\overline{m}}^s \cdot \overline{\gamma} + \sum_{\widetilde{w} \in \widetilde{W}} \sum_{\widetilde{m} \in \widetilde{M}} y_{\widetilde{w}\widetilde{m}}^s \cdot \widetilde{\gamma} \leqslant \sum_{f \in F} E_{fc} \tag{7-65}$$

式（7－47）表示表示原目标函数式（7－28）最优解的函数值，

式（7-48）表示可行解的目标函数值与最优解的目标函数值之间的差值在ω范围内，即保证了闭环双渠道供应链的总成本被限定在相对稳定的范围内。其中，y_{gfi}^{s}，y_{fd}^{s}，$y_{d\bar{w}}^{s}$，$y_{d\tilde{w}}^{s}$，$y_{\bar{w}n}^{s}$，$y_{n\bar{m}}^{s}$，$y_{\tilde{w}\tilde{m}}^{s}$，$y^{s}$，$U_{d}^{s}$，$U_{fi}^{s}$分别为情景$s$下单位原材料$i$由供应商$g$到制造商$f$的运输量、情景$s$下单位产品由制造商$f$到分销中心$d$的运输量、情景$s$下单位产品由分销中心$d$到传统分销商$\bar{w}$的运输量、情景$s$下单位产品由分销中心$d$到网络分销商$\tilde{w}$的运输量、情景$s$下单位产品由传统分销商$\bar{w}$到零售商$n$的运输量，情景$s$下产品由零售商$n$传统消费市场$\bar{m}$的运输量、情景$s$下单位产品由网络分销商$\tilde{w}$到网络消费市场$\tilde{m}$的运输量、情景$s$下单位产品销售总量、情景$s$下产品在分配中心$d$的库存量和情景$s$下原材料$i$在制造商$f$的库存量。

第八章

价格不确定条件下低碳闭环双渠道供应链的鲁棒优化模型

第一节　产品价格不确定条件下低碳闭环双渠道供应链的鲁棒优化模型

一、问题描述

本节研究的是产品的最终价格不确定性对闭环双渠道供应链运作产生的影响。对产品价格不确定性的描述采用基于区间分析的方法建立鲁棒优化模型。

考虑最终产品价格 P 是不确定的，假定产品价格在有界区间 $[P-P^*, P+P^*]$之间浮动，P 是最终产品的标准价格，P^* 是最终产品的最大波动量。其他参数如下：

（1）主体参数符号及描述。

I：生产产品所需原材料集合，$I=\{1, 2, \cdots, i\}$

G：产品供应商集合，$G=\{1, 2, \cdots, g\}$

F：制造商集合，$F=\{1, 2, \cdots, f\}$

D：产品库存的分销中心集合，$D=\{1, 2, \cdots, d\}$

$\bar{W}$：传统分销商集合，$\bar{W}=\{1, 2, \cdots, \bar{w}\}$

$\tilde{W}$：网络分销商集合，$\tilde{W}=\{1, 2, \cdots, \tilde{w}\}$

$\bar{M}$：传统消费者集合，$\bar{M}=\{1, 2, \cdots, \bar{m}\}$

$\tilde{M}$：网络消费者集合，$\tilde{M}=\{1, 2, \cdots, \tilde{m}\}$

N：零售商集合，$N=\{1, 2, \cdots, n\}$

S：情景种类集合，$S=\{1, 2, \cdots, s\}$

（2）能力参数符号及描述。

A_f：制造商 f 最大生产能力

B_{fi}：制造商 f 对原材料 i 的库存能力

B_d：分销中心 d 对产品的库存能力

E_{fa}：制造商 f 最大维修能力

E_{fc}：制造商 f 最大废弃能力

E_{db}：分销中心 d 最大再利用能力

E_{nb}：零售商 n 最大再利用能力

（3）成本相关参数符号及描述。

r_f：制造商 f 单位产品固定生产成本

v_f：制造商 f 单位产品生产成本

S_{fi}：制造商 f 单位物料 i 库存成本

S_d：分销中心 d 单位产品库存成本

P_i：制造商 f 从供应商 g 购买原材料 i 的价格

P_f：产品生产价格

V_{gfi}：单位产品原材料 i 由供应商 g 到制造商 f 的运输成本

V_{fd}：单位产品由制造商 f 到分销中心 d 的运输成本

$V_{d\bar{w}}$：单位产品由分销中心 d 到传统分销商 $\bar{w}$ 的运输成本

$V_{\bar{w}n}$：单位产品由传统分销商 $\bar{w}$ 到零售商 n 的运输成本

$V_{n\bar{m}}$：单位产品由传统分销商 $\bar{w}$ 到传统消费者 $\bar{m}$ 的运输成本

$V_{d\tilde{w}}$：单位产品由分销中心 d 到网络分销商 $\tilde{w}$ 的运输成本

$V_{\tilde{w}\tilde{m}}$：单位产品由网络分销商 $\tilde{w}$ 到网络消费者 $\tilde{m}$ 的运输成本

V_{nf}：单位产品由零售商 n 到制造商 f 的运输成本

h_{fa}：制造商 f 维修单位产品的费用

h_{fc}：制造商 f 处理废弃单位产品的费用

h_{db}：分销中心 d 再利用单位产品的费用

h_{nb}：零售商 n 再利用单位产品的费用

（4）碳排放量相关参数符号及描述。

e_f：制造商 f 生产单位产品的碳排放量

e_{gfi}：原材料 i 由供应商 g 到制造商 f 的碳排放量

e_{fd}：单位产品由制造商 f 到分销中心 d 的碳排放量

$e_{d\bar{w}}$：单位产品由分销中心 d 到传统分销商 $\bar{w}$ 的碳排放量

$e_{\bar{w}n}$：单位产品由传统分销商 $\bar{w}$ 到零售商 n 的碳排放量

$e_{n\bar{m}}$：单位产品由传统分销商 $\bar{w}$ 到传统消费者 $\bar{m}$ 的碳排放量

$e_{d\tilde{w}}$：单位产品由分销中心 d 到网络分销商 $\tilde{w}$ 的碳排放量

$e_{\tilde{w}\tilde{m}}$：单位产品由网络分销商 $\tilde{w}$ 到网络消费者 $\tilde{m}$ 的碳排放量

e_{fa}：制造商 f 维修单位产品的碳排放量

e_{fb}：制造商 f 处理废弃单位产品的碳排放量

e_{dc}：分销中心 d 再利用单位产品的碳排放量

e_{nc}：零售商 n 再利用单位产品的碳排放量

（5）其他参数符号及描述。

X_{fgi}：原材料 i 的实际供应量

U_{fi}：原材料 i 在制造商 f 的库存量

U_d：产品在分销中心 d 的库存量

$Q_{\bar{m}}$：传统渠道消费者 $\bar{m}$ 的需求量

$Q_{\tilde{m}}$：网络渠道消费者 $\tilde{m}$ 的需求量

$\bar{\alpha}$：传统渠道退回产品的维修概率

$\bar{\beta}$：传统渠道退回产品的再利用概率

$\bar{\gamma}$：传统渠道退回产品的废弃概率

$\tilde{\alpha}$：网络渠道退回产品的维修概率

$\tilde{\beta}$：网络渠道退回产品的再利用概率

$\tilde{\gamma}$：网络渠道退回产品的废弃概率

$\aleph$：产品最终销售价格与生产价格之间的系数

（6）决策变量。

X_f：制造商 f 的实际产量

y_{gfi}：单位原材料 i 由供应商 g 到制造商 f 的运输量

y_{fd}：单位产品由制造商 f 到分销中心 d 的运输量

$y_{d\bar{w}}$：单位产品由分销中心 d 到传统分销商 $\bar{w}$ 的运输量

$y_{d\tilde{w}}$：单位产品由分销中心 d 到网络分销商 $\tilde{w}$ 的运输量

$y_{\bar{w}\bar{m}}$：单位产品由传统分销商 $\bar{w}$ 到传统消费者 $\bar{m}$ 的运输量

$y_{\tilde{w}\tilde{m}}$：单位产品由网络分销商 $\tilde{w}$ 到网络消费者 $\tilde{m}$ 的运输量

y：单位产品销售总量

二、模型构建

（1）具体运作目标。在最终产品价格不确定条件下的闭环双渠道供应链运作模型中，综合考虑经济绩效和环境绩效两个目标。

目标1：考虑经济效益，闭环双渠道供应链运作中利润最大。

当产品价格确定时，也就是产品价格为标准价格时，闭环双渠道供应链的利润可以用如下模型来表示：

$$
\begin{aligned}
F_1 = P \cdot \aleph \cdot y - \Big[& \sum_{f\in F}\sum_{g\in G}\sum_{i\in I} P_i \cdot y_{fgi} + \sum_{f\in F} X_f \cdot (v_f + r_f) \\
& + \sum_{f\in F}\sum_{d\in D}\sum_{i\in I} y_{gfi} \cdot V_{gfi} + \sum_{f\in F}\sum_{d\in D} y_{fd} \cdot V_{fd} + \sum_{d\in D}\sum_{\overline{w}\in\overline{W}} y_{d\overline{w}} \cdot V_{d\overline{w}} \\
& + \sum_{\overline{w}\in\overline{W}}\sum_{n\in N} y_{\overline{w}n} \cdot V_{\overline{w}n} + \sum_{n\in N}\sum_{\overline{m}\in\overline{M}} y_{n\overline{m}} \cdot V_{n\overline{m}} + \sum_{d\in D}\sum_{\widetilde{w}\in\widetilde{W}} y_{d\widetilde{w}} \cdot V_{d\widetilde{w}} \\
& + \sum_{\widetilde{w}\in\widetilde{W}}\sum_{\widetilde{m}\in\widetilde{M}} y_{\widetilde{w}\widetilde{m}} \cdot V_{\widetilde{w}\widetilde{m}} + \sum_{f\in F}\sum_{i\in I} U_{fi} \cdot S_{fi} + \sum_{d\in D} U_d \cdot S_d \\
& + \sum_{n\in N}\sum_{\overline{m}\in\overline{M}}\sum_{f\in F} y_{n\overline{m}} \cdot (\bar{\alpha} + \bar{\gamma}) \cdot V_{nf} + \sum_{\widetilde{w}\in\widetilde{W}}\sum_{\widetilde{m}\in\widetilde{M}}\sum_{d\in D}\sum_{f\in F} y_{\widetilde{w}\widetilde{m}} \\
& \cdot (\tilde{\alpha} + \tilde{\gamma}) \cdot V_{fd} + \sum_{f\in F}\sum_{n\in N}\sum_{\overline{m}\in\overline{M}} h_{fa} \cdot y_{n\overline{m}} \cdot \bar{\alpha} \\
& + \sum_{n\in N}\sum_{\overline{m}\in\overline{M}} h_{nb} \cdot y_{n\overline{m}} \cdot \bar{\beta} + \sum_{f\in F}\sum_{n\in N}\sum_{\overline{m}\in\overline{M}} h_{fc} \cdot y_{n\overline{m}} \cdot \bar{\gamma} \\
& + \sum_{f\in F}\sum_{\widetilde{w}\in\widetilde{W}}\sum_{\widetilde{m}\in\widetilde{M}} h_{fa} \cdot y_{\widetilde{w}\widetilde{m}} \cdot \tilde{\alpha} + \sum_{d\in D}\sum_{\widetilde{w}\in\widetilde{W}}\sum_{\widetilde{m}\in\widetilde{M}} h_{db} \cdot y_{\widetilde{w}\widetilde{m}} \cdot \tilde{\beta} \\
& + \sum_{f\in F}\sum_{\widetilde{w}\in\widetilde{W}}\sum_{\widetilde{m}\in\widetilde{M}} h_{fc} \cdot y_{\widetilde{w}\widetilde{m}} \cdot \tilde{\gamma} \Big]
\end{aligned}
\tag{8-1}
$$

对于制造商而言，闭环双渠道供应链的运作策略和运作性能受产品价格不确定性的影响，上述价格不确定性可以用如下形式来表示：

$$
\max \sum_{f\in F}\sum_{d\in D} P \cdot y^*
$$

$$
-y^* \leqslant y \leqslant y^*
$$

$$
y^* \geqslant 0
$$

在目标1中加入产品价格不确定性性，运用基于区间分析的鲁棒优化的方法对上述不确定性进行处理，如下所示：

$$
\begin{aligned}
F_1 = P \cdot \aleph \cdot y - \Big[& \sum_{f\in F}\sum_{g\in G}\sum_{i\in I} P_i \cdot y_{fgi} + \sum_{f\in F} X_f \cdot (v_f + r_f) \\
& + \sum_{f\in F}\sum_{d\in D}\sum_{i\in I} y_{gfi} \cdot V_{gfi} + \sum_{f\in F}\sum_{d\in D} y_{fd} \cdot V_{fd} + \sum_{d\in D}\sum_{\overline{w}\in\overline{W}} y_{d\overline{w}} \cdot V_{d\overline{w}} \\
& + \sum_{\overline{w}\in\overline{W}}\sum_{n\in N} y_{\overline{w}n} \cdot V_{\overline{w}n} + \sum_{n\in N}\sum_{\overline{m}\in\overline{M}} y_{n\overline{m}} \cdot V_{n\overline{m}} + \sum_{d\in D}\sum_{\widetilde{w}\in\widetilde{W}} y_{d\widetilde{w}} \cdot V_{d\widetilde{w}} \\
& + \sum_{\widetilde{w}\in\widetilde{W}}\sum_{\widetilde{m}\in\widetilde{M}} y_{\widetilde{w}\widetilde{m}} \cdot V_{\widetilde{w}\widetilde{m}} + \sum_{f\in F}\sum_{i\in I} U_{fi} \cdot S_{fi} + \sum_{d\in D} U_d \cdot S_d
\end{aligned}
$$

$$+\sum_{n\in N}\sum_{\overline{m}\in\overline{M}}\sum_{f\in F}y_{n\overline{m}}\cdot(\overline{\alpha}+\overline{\gamma})\cdot V_{nf}+\sum_{\widetilde{w}\in\widetilde{W}}\sum_{\widetilde{m}\in\widetilde{M}}\sum_{d\in D}\sum_{f\in F}y_{\widetilde{w}\widetilde{m}}$$

$$\cdot(\widetilde{\alpha}+\widetilde{\gamma})\cdot V_{fd}+\sum_{f\in F}\sum_{n\in N}\sum_{\overline{m}\in\overline{M}}h_{fa}\cdot y_{n\overline{m}}\cdot\overline{\alpha}$$

$$+\sum_{n\in N}\sum_{\overline{m}\in\overline{M}}h_{nb}\cdot y_{n\overline{m}}\cdot\overline{\beta}+\sum_{f\in F}\sum_{n\in N}\sum_{\overline{m}\in\overline{M}}h_{fc}\cdot y_{n\overline{m}}\cdot\overline{\gamma}$$

$$+\sum_{f\in F}\sum_{\widetilde{w}\in\widetilde{W}}\sum_{\widetilde{m}\in\widetilde{M}}h_{fa}\cdot y_{\widetilde{w}\widetilde{m}}\cdot\widetilde{\alpha}+\sum_{d\in D}\sum_{\widetilde{w}\in\widetilde{W}}\sum_{\widetilde{m}\in\widetilde{M}}h_{db}\cdot y_{\widetilde{w}\widetilde{m}}\cdot\widetilde{\beta}$$

$$+\sum_{f\in F}\sum_{\widetilde{w}\in\widetilde{W}}\sum_{\widetilde{m}\in\widetilde{M}}h_{fc}\cdot y_{\widetilde{w}\widetilde{m}}\cdot\widetilde{\gamma}\Big]-e-k \tag{8-2}$$

$$e+k\geqslant P^{*}\cdot y^{*} \tag{8-3}$$

$$-y^{*}\leqslant y\leqslant y^{*} \tag{8-4}$$

$$e,\ k,\ y^{*}\geqslant 0 \tag{8-5}$$

目标2：考虑环境效益，闭环双渠道供应链运作中各环节产生的碳排放量最少。用如下模型来表示：

$$F_2=\sum_{f\in F}e_f\cdot X_f+\sum_{g\in G}\sum_{f\in F}\sum_{i\in I}e_{gfi}\cdot y_{gfi}+\sum_{f\in F}\sum_{d\in D}e_{fd}\cdot y_{fd}$$

$$+\sum_{d\in D}\sum_{\overline{w}\in\overline{W}}y_{d\overline{w}}\cdot e_{d\overline{w}}+\sum_{\overline{w}\in\overline{W}}\sum_{n\in N}y_{\overline{w}n}\cdot e_{\overline{w}n}+\sum_{n\in N}\sum_{\overline{m}\in\overline{M}}y_{n\overline{m}}\cdot e_{n\overline{m}}$$

$$+\sum_{d\in D}\sum_{\widetilde{w}\in\widetilde{W}}y_{d\widetilde{w}}\cdot e_{d\widetilde{w}}+\sum_{\widetilde{w}\in\widetilde{W}}\sum_{\widetilde{m}\in\widetilde{M}}y_{\widetilde{w}\widetilde{m}}\cdot e_{\widetilde{w}\widetilde{m}}$$

$$+\sum_{\widetilde{w}\in\widetilde{W}}\sum_{\widetilde{m}\in\widetilde{M}}\sum_{n\in N}\sum_{\overline{m}\in\overline{M}}\sum_{f\in F}(y_{n\overline{m}}\cdot\overline{\alpha}+y_{\widetilde{w}\widetilde{m}}\cdot\widetilde{\alpha})\cdot e_{fa}$$

$$+\sum_{\widetilde{w}\in\widetilde{W}}\sum_{\widetilde{m}\in\widetilde{M}}\sum_{n\in N}\sum_{\overline{m}\in\overline{M}}\sum_{f\in F}(y_{n\overline{m}}\cdot\overline{\gamma}+y_{\widetilde{w}\widetilde{m}}\cdot\widetilde{\gamma})\cdot e_{fb}$$

$$+\sum_{n\in N}\sum_{\overline{m}\in\overline{M}}y_{n\overline{m}}\cdot\overline{\beta}\cdot e_{nc}+\sum_{\widetilde{w}\in\widetilde{W}}\sum_{\widetilde{m}\in\widetilde{M}}y_{\widetilde{w}\widetilde{m}}\cdot\widetilde{\beta}\cdot e_{dc} \tag{8-6}$$

（2）目标函数。本节构建的产品价格不确定条件下闭环双渠道供应链鲁棒优化模型综合考虑经济效益和环境效益，即，供应链运作利润最大化和碳排放最小化，多目标往往会产生矛盾。所以，多目标的之间的处理对于构建本模型有重要意义。本书引入碳排放价格 C_{co_2} 这一参数，将碳排放量目标和成本目标转化为同一级别，最后进行求解。最终目标函数入下：

$$\max F=P\cdot\aleph\cdot y-\Big[\sum_{f\in F}\sum_{g\in G}\sum_{i\in I}P_i\cdot y_{fgi}+\sum_{f\in F}X_f\cdot(v_f+r_f)$$

$$+\sum_{f\in F}\sum_{d\in D}\sum_{i\in I}y_{gfi}\cdot V_{gfi}+\sum_{f\in F}\sum_{d\in D}y_{fd}\cdot V_{fd}+\sum_{d\in D}\sum_{\overline{w}\in\overline{W}}y_{d\overline{w}}\cdot V_{d\overline{w}}$$

$$+\sum_{\overline{w}\in\overline{W}}\sum_{n\in N}y_{\overline{w}n}\cdot V_{\overline{w}n}+\sum_{n\in N}\sum_{\overline{m}\in\overline{M}}y_{n\overline{m}}\cdot V_{n\overline{m}}+\sum_{d\in D}\sum_{\widetilde{w}\in\widetilde{W}}y_{d\widetilde{w}}\cdot V_{d\widetilde{w}}$$

$$+\sum_{\tilde{w}\in\tilde{W}}\sum_{\tilde{m}\in\tilde{M}}y_{\tilde{w}\tilde{m}}\cdot V_{\tilde{w}\tilde{m}}+\sum_{f\in F}\sum_{i\in I}U_{fi}\cdot S_{fi}+\sum_{d\in D}U_{d}\cdot S_{d}$$

$$+\sum_{n\in N}\sum_{\bar{m}\in\bar{M}}\sum_{f\in F}y_{n\bar{m}}\cdot(\bar{\alpha}+\bar{\gamma})\cdot V_{nf}+\sum_{\tilde{w}\in\tilde{W}}\sum_{\tilde{m}\in\tilde{M}}\sum_{d\in D}\sum_{f\in F}y_{\tilde{w}\tilde{m}}\cdot(\tilde{\alpha}$$

$$+\tilde{\gamma})\cdot V_{fd}+\sum_{f\in F}\sum_{n\in N}\sum_{\bar{m}\in\bar{M}}h_{fa}\cdot y_{n\bar{m}}\cdot\bar{\alpha}+\sum_{n\in N}\sum_{\bar{m}\in\bar{M}}h_{nb}\cdot y_{n\bar{m}}\cdot\bar{\beta}$$

$$+\sum_{f\in F}\sum_{n\in N}\sum_{\bar{m}\in\bar{M}}h_{fc}\cdot y_{n\bar{m}}\cdot\bar{\gamma}+\sum_{f\in F}\sum_{\tilde{w}\in\tilde{W}}\sum_{\tilde{m}\in\tilde{M}}h_{fa}\cdot y_{\tilde{w}\tilde{m}}\cdot\tilde{\alpha}$$

$$+\sum_{d\in D}\sum_{\tilde{w}\in\tilde{W}}\sum_{\tilde{m}\in\tilde{M}}h_{db}\cdot y_{\tilde{w}\tilde{m}}\cdot\tilde{\beta}+\sum_{f\in F}\sum_{\tilde{w}\in\tilde{W}}\sum_{\tilde{m}\in\tilde{M}}h_{fc}\cdot y_{\tilde{w}\tilde{m}}\cdot\tilde{\gamma}\Big]$$

$$-C_{co_2}\cdot\Big[\sum_{f\in F}e_{f}\cdot X_{f}+\sum_{g\in G}\sum_{f\in F}\sum_{i\in I}e_{gfi}\cdot y_{gfi}+\sum_{f\in F}\sum_{d\in D}e_{fd}\cdot y_{fd}$$

$$+\sum_{d\in D}\sum_{\bar{w}\in\bar{W}}y_{d\bar{w}}\cdot e_{d\bar{w}}+\sum_{\bar{w}\in\bar{W}}\sum_{n\in N}y_{\bar{w}n}\cdot e_{\bar{w}n}+\sum_{n\in N}\sum_{\bar{m}\in\bar{M}}y_{n\bar{m}}\cdot e_{n\bar{m}}$$

$$+\sum_{d\in D}\sum_{\tilde{w}\in\tilde{W}}y_{d\tilde{w}}\cdot e_{d\tilde{w}}+\sum_{\tilde{w}\in\tilde{W}}\sum_{\tilde{m}\in\tilde{M}}y_{\tilde{w}\tilde{m}}\cdot e_{\tilde{w}\tilde{m}}$$

$$+\sum_{\tilde{w}\in\tilde{W}}\sum_{\tilde{m}\in\tilde{M}}\sum_{n\in N}\sum_{\bar{m}\in\bar{M}}\sum_{f\in F}(y_{n\bar{m}}\cdot\bar{\alpha}+y_{\tilde{w}\tilde{m}}\cdot\tilde{\alpha})\cdot e_{fa}$$

$$+\sum_{\tilde{w}\in\tilde{W}}\sum_{\tilde{m}\in\tilde{M}}\sum_{n\in N}\sum_{\bar{m}\in\bar{M}}\sum_{f\in F}(y_{n\bar{m}}\cdot\bar{\gamma}+y_{\tilde{w}\tilde{m}}\cdot\tilde{\gamma})\cdot e_{fb}$$

$$+\sum_{n\in N}\sum_{\bar{m}\in\bar{M}}y_{n\bar{m}}\cdot\bar{\beta}\cdot e_{nc}+\sum_{\tilde{w}\in\tilde{W}}\sum_{\tilde{m}\in\tilde{M}}y_{\tilde{w}\tilde{m}}\cdot\tilde{\beta}\cdot e_{dc}\Big] \tag{8-7}$$

（3）约束条件。在产品价格不确定条件下闭环双渠道供应链鲁棒优化模型中，目标函数为式（8－7），约束条件如下：

$$e+k\geqslant P^{*}\cdot y^{*} \tag{8-8}$$

$$-y^{*}\leqslant y\leqslant y^{*} \tag{8-9}$$

$$e,\ k,\ y^{*}\geqslant 0 \tag{8-10}$$

$$\sum_{f\in F}\sum_{d\in D}y_{fd}=\sum_{f\in F}X_{f}+\sum_{n\in N}\sum_{\bar{m}\in\bar{M}}y_{n\bar{m}}\cdot\bar{\alpha}+\sum_{\tilde{w}\in\tilde{W}}\sum_{\tilde{m}\in\tilde{M}}y_{\tilde{w}\tilde{m}}\cdot\tilde{\alpha} \tag{8-11}$$

$$\sum_{f\in F}\sum_{d\in D}y_{fd}\geqslant\sum_{d\in D}\sum_{\bar{w}\in\bar{W}}y_{d\bar{w}}+\sum_{d\in D}\sum_{\tilde{w}\in\tilde{W}}y_{d\tilde{w}} \tag{8-12}$$

$$\sum_{d\in D}\sum_{\bar{w}\in\bar{W}}y_{d\bar{w}}=\sum_{\bar{m}\in\bar{M}}Q_{\bar{m}} \tag{8-13}$$

$$\sum_{d\in D}\sum_{\tilde{w}\in\tilde{W}}y_{d\tilde{w}}=\sum_{\tilde{m}\in\tilde{M}}Q_{\tilde{m}} \tag{8-14}$$

$$y=\sum_{\bar{w}\in\bar{W}}\sum_{\bar{m}\in\bar{M}}y_{\bar{w}\bar{m}}+\sum_{\tilde{w}\in\tilde{W}}\sum_{\tilde{m}\in\tilde{M}}y_{\tilde{w}\tilde{m}}-\sum_{n\in N}\sum_{\bar{m}\in\bar{M}}y_{n\bar{m}}\cdot(\bar{\alpha}+\bar{\beta}+\bar{\gamma})$$

$$-\sum_{\tilde{w}\in\tilde{W}}\sum_{\tilde{m}\in\tilde{M}}y_{\tilde{w}\tilde{m}}\cdot(\tilde{\alpha}+\tilde{\beta}+\tilde{\gamma}) \tag{8-15}$$

$$\sum_{d \in D} \sum_{\overline{w} \in \overline{W}} y_{d\overline{w}} = \sum_{\overline{w} \in \overline{W}} \sum_{n \in N} y_{\overline{w}n} = \sum_{n \in N} \sum_{\overline{m} \in \overline{M}} y_{n\overline{m}} \tag{8-16}$$

$$\sum_{d \in D} \sum_{\widetilde{w} \in \widetilde{W}} y_{d\widetilde{w}} = \sum_{\widetilde{w} \in \widetilde{W}} \sum_{\widetilde{m} \in \widetilde{M}} y_{\widetilde{w}\widetilde{m}} \tag{8-17}$$

$$\sum_{d \in D} U_d = \sum_{f \in F} \sum_{d \in D} y_{fd} - \sum_{d \in D} \sum_{\overline{w} \in \overline{W}} y_{d\overline{w}} - \sum_{d \in D} \sum_{\widetilde{w} \in \widetilde{W}} y_{d\widetilde{w}} \tag{8-18}$$

$$\sum_{f \in F} \sum_{i \in I} U_{fi} = \sum_{g \in G} \sum_{f \in F} \sum_{i \in I} y_{gfi} - \sum_{i \in I} \sum_{f \in F} X_f \tag{8-19}$$

$$y_{gfi},\ y_{fd},\ y_{d\overline{w}},\ y_{d\widetilde{w}},\ y_{\overline{w}n},\ y_{n\overline{m}},\ y_{\widetilde{w}\widetilde{m}},\ y,\ U_d,\ U_{fi} \geqslant 0 \tag{8-20}$$

$$\sum_{i \in I} U_{fi} \leqslant \sum_{i \in I} B_{fi}, \forall f \tag{8-21}$$

$$X_f \leqslant A_f,\ \forall f \tag{8-22}$$

$$U_d \leqslant B_d,\ \forall d \tag{8-23}$$

$$\sum_{n \in N} \sum_{\overline{m} \in \overline{M}} y_{n\overline{m}} \cdot \overline{\alpha} + \sum_{\widetilde{w} \in \widetilde{W}} \sum_{\widetilde{m} \in \widetilde{M}} y_{\widetilde{w}\widetilde{m}} \cdot \widetilde{\alpha} \leqslant \sum_{f \in F} E_{fa} \tag{8-24}$$

$$\sum_{\overline{w} \in \overline{W}} \sum_{\overline{m} \in \overline{M}} y_{\overline{w}\overline{m}} \cdot \overline{\beta} \leqslant \sum_{n \in N} E_{nb} \tag{8-25}$$

$$\sum_{\widetilde{w} \in \widetilde{W}} \sum_{\widetilde{m} \in \widetilde{M}} y_{\widetilde{w}\widetilde{m}} \cdot \widetilde{\beta} \leqslant \sum_{d \in D} E_{db} \tag{8-26}$$

$$\sum_{n \in N} \sum_{\overline{m} \in \overline{M}} y_{n\overline{m}} \cdot \overline{\gamma} + \sum_{\widetilde{w} \in \widetilde{W}} \sum_{\widetilde{m} \in \widetilde{M}} y_{\widetilde{w}\widetilde{m}} \cdot \widetilde{\gamma} \leqslant \sum_{f \in F} E_{fc} \tag{8-27}$$

从上述鲁棒优化模型可以看出，目标函数及所有约束条件都是鲁棒线性规划，因此可以用 lingo11 优化工具进行求解。

第二节　供求价格不确定条件下低碳闭环双渠道供应链的鲁棒优化模型

一、问题描述

本节研究的是产品在消费市场的价格和原材料在原材料市场的价格不确定性对闭环双渠道供应链运作产生的影响。采用基于区间分析的方法建立鲁棒优化模型，供求价格的不确定性利用对称有界区间来表示。

考虑原材料价格 P_i 和产品最终价格 P 是不确定的，假设供求价格的不确定性可以对称有界区间 $[P_i - P_i^*,\ P_i + P_i^*]$ 和 $[P - P^*,\ P + P^*]$ 来表示，其中 $I = \{1,\ 2,\ \cdots,\ i\}$，$P_i$，$P$ 分别为原材料和产品的标准价格，P_i^*，P^* 分别为

原材料 i 和产品价格的最大波动量。其他参数与本章第一节相同。

二、模型构建

(1) 具体运作目标。在原材料价格和最终产品价格不确定条件下的闭环双渠道供应链运作模型中，综合考虑经济绩效和环境绩效两个目标。

目标 1：考虑经济效益，闭环双渠道供应链运作中利润最大。

当原材料价格和产品价格确定时，也就是原材料价格和产品价格为标准价格时，闭环双渠道供应链的利润可以用如下模型来表示：

$$
\begin{aligned}
F_1 = P \cdot \aleph \cdot \gamma - \Big[& \sum_{f \in F} \sum_{g \in G} \sum_{i \in I} P_i \cdot y_{fgi} + \sum_{f \in F} X_f \cdot (v_f + r_f) \\
& + \sum_{f \in F} \sum_{d \in D} \sum_{i \in I} y_{gfi} \cdot V_{gfi} + \sum_{f \in F} \sum_{d \in D} y_{fd} \cdot V_{fd} \\
& + \sum_{d \in D} \sum_{\overline{w} \in \overline{W}} y_{d\overline{w}} \cdot V_{d\overline{w}} + \sum_{\overline{w} \in \overline{W}} \sum_{n \in N} y_{\overline{w}n} \cdot V_{\overline{w}n} + \sum_{n \in N} \sum_{\overline{m} \in \overline{M}} y_{n\overline{m}} \cdot V_{n\overline{m}} \\
& + \sum_{d \in D} \sum_{\widetilde{w} \in \widetilde{W}} y_{d\widetilde{w}} \cdot V_{d\widetilde{w}} + \sum_{\widetilde{w} \in \widetilde{W}} \sum_{\widetilde{m} \in \widetilde{M}} y_{\widetilde{w}\widetilde{m}} \cdot V_{\widetilde{w}\widetilde{m}} + \sum_{f \in F} \sum_{i \in I} U_{fi} \cdot S_{fi} \\
& + \sum_{d \in D} U_d \cdot S_d + \sum_{n \in N} \sum_{\overline{m} \in \overline{M}} \sum_{f \in F} y_{n\overline{m}} \cdot (\overline{\alpha} + \overline{\gamma}) \cdot V_{nf} \\
& + \sum_{\widetilde{w} \in \widetilde{W}} \sum_{\widetilde{m} \in \widetilde{M}} \sum_{d \in D} \sum_{f \in F} y_{\widetilde{w}\widetilde{m}} \cdot (\widetilde{\alpha} + \widetilde{\gamma}) \cdot V_{fd} \\
& + \sum_{f \in F} \sum_{n \in N} \sum_{\overline{m} \in \overline{M}} h_{fa} \cdot y_{n\overline{m}} \cdot \overline{\alpha} + \sum_{n \in N} \sum_{\overline{m} \in \overline{M}} h_{nb} \cdot y_{n\overline{m}} \cdot \overline{\beta} \\
& + \sum_{f \in F} \sum_{n \in N} \sum_{\overline{m} \in \overline{M}} h_{fc} \cdot y_{n\overline{m}} \cdot \overline{\gamma} + \sum_{f \in F} \sum_{\widetilde{w} \in \widetilde{W}} \sum_{\widetilde{m} \in \widetilde{M}} h_{fa} \cdot y_{\widetilde{w}\widetilde{m}} \cdot \widetilde{\alpha} \\
& + \sum_{d \in D} \sum_{\widetilde{w} \in \widetilde{W}} \sum_{\widetilde{m} \in \widetilde{M}} h_{db} \cdot y_{\widetilde{w}\widetilde{m}} \cdot \widetilde{\beta} + \sum_{f \in F} \sum_{\widetilde{w} \in \widetilde{W}} \sum_{\widetilde{m} \in \widetilde{M}} h_{fc} \cdot y_{\widetilde{w}\widetilde{m}} \cdot \widetilde{\gamma} \Big]
\end{aligned}
\tag{8-28}
$$

对于供应商而言，闭环双渠道供应链的运作策略和运作性能受产品价格不确定性的影响。供应商的运作目标由 i 个原材料价格是不确定的，也就是目标函数受 i 个稀疏的不确定性影响。上述价格不确定性性可以用如下形式来表示：

$$
\max \sum_{f \in F} \sum_{g \in G} \sum_{i \in I} P_i \cdot y_{fgi}^{*}
$$

$$
-y_{fgi}^{*} \leqslant y_{fgi} \leqslant y_{fgi}^{*}, \quad \forall i
$$

$$
y_{fgi}^{*} \geqslant 0, \quad \forall i
$$

在目标 1 中加入原材料价格不确定性，运用基于区间分析的鲁棒优化的方法对上述不确定性进行处理，结果如下所示：

$$
\begin{aligned}
F_1 = P \cdot \aleph \cdot y - \Big[& \sum_{f \in F} \sum_{g \in G} \sum_{i \in I} P_i \cdot X_{fgi} + \sum_{f \in F} X_f \cdot (v_f + r_f) \\
& + \sum_{f \in F} \sum_{d \in D} \sum_{i \in I} y_{gfi} \cdot V_{gfi} + \sum_{f \in F} \sum_{d \in D} y_{fd} \cdot V_{fd} + \sum_{d \in D} \sum_{\bar{w} \in \bar{W}} y_{d\bar{w}} \cdot V_{d\bar{w}} \\
& + \sum_{\bar{w} \in \bar{W}} \sum_{n \in N} y_{\bar{w}n} \cdot V_{\bar{w}n} + \sum_{n \in N} \sum_{\bar{m} \in \bar{M}} y_{n\bar{m}} \cdot V_{n\bar{m}} + \sum_{d \in D} \sum_{\tilde{w} \in \tilde{W}} y_{d\tilde{w}} \cdot V_{d\tilde{w}} \\
& + \sum_{\tilde{w} \in \tilde{W}} \sum_{\tilde{m} \in \tilde{M}} y_{\tilde{w}\tilde{m}} \cdot V_{\tilde{w}\tilde{m}} + \sum_{f \in F} \sum_{i \in I} U_{fi} \cdot S_{fi} \\
& + \sum_{d \in D} \Big(U_d + \sum_{f \in F} y_{fd} - \sum_{\bar{w} \in \bar{W}} y_{d\bar{w}} - \sum_{\tilde{w} \in \tilde{W}} y_{d\tilde{w}} \Big) \cdot S_d \\
& + \sum_{n \in N} \sum_{\bar{m} \in \bar{M}} \sum_{f \in F} y_{n\bar{m}} \cdot (\bar{\alpha} + \bar{\gamma}) \cdot V_{nf} \\
& + \sum_{\tilde{w} \in \tilde{W}} \sum_{\tilde{m} \in \tilde{M}} \sum_{d \in D} \sum_{f \in F} y_{\tilde{w}\tilde{m}} \cdot (\tilde{\alpha} + \tilde{\gamma}) \cdot V_{fd} \\
& + \sum_{f \in F} \sum_{n \in N} \sum_{\bar{m} \in \bar{M}} h_{fa} \cdot y_{n\bar{m}} \cdot \bar{\alpha} + \sum_{n \in N} \sum_{\bar{m} \in \bar{M}} h_{nb} \cdot y_{n\bar{m}} \cdot \bar{\beta} \\
& + \sum_{f \in F} \sum_{n \in N} \sum_{\bar{m} \in \bar{M}} h_{fc} \cdot y_{n\bar{m}} \cdot \bar{\gamma} + \sum_{f \in F} \sum_{\tilde{w} \in \tilde{W}} \sum_{\tilde{m} \in \tilde{M}} h_{fa} \cdot y_{\tilde{w}\tilde{m}} \cdot \tilde{\alpha} \\
& + \sum_{d \in D} \sum_{\tilde{w} \in \tilde{W}} \sum_{\tilde{m} \in \tilde{M}} h_{db} \cdot y_{\tilde{w}\tilde{m}} \cdot \tilde{\beta} + \sum_{f \in F} \sum_{\tilde{w} \in \tilde{W}} \sum_{\tilde{m} \in \tilde{M}} h_{fc} \cdot y_{\tilde{w}\tilde{m}} \cdot \tilde{\gamma} \Big] \\
& - i \cdot \varepsilon - \sum_{i \in I} r_i
\end{aligned} \tag{8-29}
$$

$$\varepsilon + r_i \geqslant \sum_{f \in F} \sum_{g \in G} P_i \cdot y^*_{fgi}, \forall i \tag{8-30}$$

$$-y^*_{fgi} \leqslant y_{fgi} \leqslant y^*_{fgi}, \quad \forall i \tag{8-31}$$

$$\varepsilon, \ r_i, \ y^*_{fgi} \geqslant 0, \quad \forall i \tag{8-32}$$

对于制造商而言，闭环双渠道供应链的运作策略和运作性能受产品价格不确定性的影响，上述价格不确定性可以用如下形式来表示：

$$
\begin{gathered}
\max \sum_{f \in F} \sum_{d \in D} P \cdot y^*_{fd} \\
-y^*_{fd} \leqslant y_{fd} \leqslant y^*_{fd} \\
y^*_{fd} \geqslant 0
\end{gathered}
$$

在上述基础上，考虑产品价格不确定性性，运用基于区间分析的鲁棒优化的方法对上述不确定性进行处理，如下所示：

$$
\begin{aligned}
F_1 = P \cdot \aleph \cdot y - \Big[& \sum_{f \in F} \sum_{g \in G} \sum_{i \in I} P_i \cdot X_{fgi} + \sum_{f \in F} X_f \cdot (v_f + r_f) \\
& + \sum_{f \in F} \sum_{d \in D} \sum_{i \in I} y_{gfi} \cdot V_{gfi} + \sum_{f \in F} \sum_{d \in D} y_{fd} \cdot V_{fd} + \sum_{d \in D} \sum_{\bar{w} \in \bar{W}} y_{d\bar{w}} \cdot V_{d\bar{w}}
\end{aligned}
$$

$$
\begin{aligned}
& + \sum_{\bar{w} \in \bar{W}} \sum_{n \in N} y_{\bar{w}n} \cdot V_{\bar{w}n} + \sum_{n \in N} \sum_{\bar{m} \in \bar{M}} y_{n\bar{m}} \cdot V_{n\bar{m}} + \sum_{d \in D} \sum_{\tilde{w} \in \tilde{W}} y_{d\tilde{w}} \cdot V_{d\tilde{w}} \\
& + \sum_{\tilde{w} \in \tilde{W}} \sum_{\tilde{m} \in \tilde{M}} y_{\tilde{w}\tilde{m}} \cdot V_{\tilde{w}\tilde{m}} + \sum_{f \in F} \sum_{i \in I} U_{fi} \cdot S_{fi} \\
& + \sum_{d \in D} \left(U_d + \sum_{f \in F} y_{fd} - \sum_{\bar{w} \in \bar{W}} y_{d\bar{w}} - \sum_{\tilde{w} \in \tilde{W}} y_{d\tilde{w}} \right) \cdot S_d \\
& + \sum_{n \in N} \sum_{\bar{m} \in \bar{M}} \sum_{f \in F} y_{n\bar{m}} \cdot (\bar{\alpha} + \bar{\gamma}) \cdot V_{nf} \\
& + \sum_{\tilde{w} \in \tilde{W}} \sum_{\tilde{m} \in \tilde{M}} \sum_{d \in D} \sum_{f \in F} y_{\tilde{w}\tilde{m}} \cdot (\tilde{\alpha} + \tilde{\gamma}) \cdot V_{fd} \\
& + \sum_{f \in F} \sum_{n \in N} \sum_{\bar{m} \in \bar{M}} h_{fa} \cdot y_{n\bar{m}} \cdot \bar{\alpha} + \sum_{n \in N} \sum_{\bar{m} \in \bar{M}} h_{nb} \cdot y_{n\bar{m}} \cdot \bar{\beta} \\
& + \sum_{f \in F} \sum_{n \in N} \sum_{\bar{m} \in \bar{M}} h_{fc} \cdot y_{n\bar{m}} \cdot \bar{\gamma} + \sum_{f \in F} \sum_{\tilde{w} \in \tilde{W}} \sum_{\tilde{m} \in \tilde{M}} h_{fa} \cdot y_{\tilde{w}\tilde{m}} \cdot \tilde{\alpha} \\
& + \sum_{d \in D} \sum_{\tilde{w} \in \tilde{W}} \sum_{\tilde{m} \in \tilde{M}} h_{db} \cdot y_{\tilde{w}\tilde{m}} \cdot \tilde{\beta} + \sum_{f \in F} \sum_{\tilde{w} \in \tilde{W}} \sum_{\tilde{m} \in \tilde{M}} h_{fc} \cdot y_{\tilde{w}\tilde{m}} \cdot \tilde{\gamma} \Bigg] \\
& - i \cdot \varepsilon - \sum_{i \in I} r_i - e - k
\end{aligned}
\tag{8-33}
$$

$$e + k \geqslant P \cdot y^* \tag{8-34}$$

$$-y^* \leqslant y \leqslant y^* \tag{8-35}$$

$$e,\ k,\ y^* \geqslant 0 \tag{8-36}$$

目标2：考虑环境效益，闭环双渠道供应链运作中各环节产生的碳排放量最少。用如下模型来表示：

$$
\begin{aligned}
F_2 = & \sum_{f \in F} e_f \cdot X_f + \sum_{g \in G} \sum_{f \in F} \sum_{i \in I} e_{gfi} \cdot y_{gfi} + \sum_{f \in F} \sum_{d \in D} e_{fd} \cdot y_{fd} \\
& + \sum_{d \in D} \sum_{\bar{w} \in \bar{W}} y_{d\bar{w}} \cdot e_{d\bar{w}} + \sum_{\bar{w} \in \bar{W}} \sum_{n \in N} y_{\bar{w}n} \cdot e_{\bar{w}n} + \sum_{n \in N} \sum_{\bar{m} \in \bar{M}} y_{n\bar{m}} \cdot e_{n\bar{m}} \\
& + \sum_{d \in D} \sum_{\tilde{w} \in \tilde{W}} y_{d\tilde{w}} \cdot e_{d\tilde{w}} + \sum_{\tilde{w} \in \tilde{W}} \sum_{\tilde{m} \in \tilde{M}} y_{\tilde{w}\tilde{m}} \cdot e_{\tilde{w}\tilde{m}} \\
& + \sum_{\tilde{w} \in \tilde{W}} \sum_{\tilde{m} \in \tilde{M}} \sum_{n \in N} \sum_{\bar{m} \in \bar{M}} \sum_{f \in F} (y_{n\bar{m}} \cdot \bar{\alpha} + y_{\tilde{w}\tilde{m}} \cdot \tilde{\alpha}) \cdot e_{fa} \\
& + \sum_{\tilde{w} \in \tilde{W}} \sum_{\tilde{m} \in \tilde{M}} \sum_{n \in N} \sum_{\bar{m} \in \bar{M}} \sum_{f \in F} (y_{n\bar{m}} \cdot \bar{\gamma} + y_{\tilde{w}\tilde{m}} \cdot \tilde{\gamma}) \cdot e_{fb} \\
& + \sum_{n \in N} \sum_{\bar{m} \in \bar{M}} y_{n\bar{m}} \cdot \bar{\beta} \cdot e_{nc} + \sum_{\tilde{w} \in \tilde{W}} \sum_{\tilde{m} \in \tilde{M}} y_{\tilde{w}\tilde{m}} \cdot \tilde{\beta} \cdot e_{dc}
\end{aligned}
\tag{8-37}
$$

（2）目标函数。本节构建的原材料价格和产品价格不确定条件下闭环双渠道供应链鲁棒优化模型综合考虑经济效益和环境效益，即，供应链运作利润最大化和碳排放最小化，多目标往往会产生矛盾。所以，多目标的之间的处理对于构建本模型有重要意义。本书引入碳排放价格 C_{co_2} 这一参数，将碳排放量目标和成本目标转化为同一级别，最后进行求解。最终目标函数如下：

$$
\begin{aligned}
\mathrm{Max}F = {} & P \cdot \aleph \cdot y - \Big[\sum_{f\in F}\sum_{g\in G}\sum_{i\in I} P_i \cdot y_{fgi} + \sum_{f\in F} X_f \cdot (v_f + r_f) \\
& + \sum_{f\in F}\sum_{d\in D}\sum_{i\in I} y_{gfi} \cdot V_{gfi} + \sum_{f\in F}\sum_{d\in D} y_{fd} \cdot V_{fd} + \sum_{d\in D}\sum_{\overline{w}\in\overline{W}} y_{d\overline{w}} \cdot V_{d\overline{w}} \\
& + \sum_{\overline{w}\in\overline{W}}\sum_{n\in N} y_{\overline{w}n} \cdot V_{\overline{w}n} + \sum_{n\in N}\sum_{\overline{m}\in\overline{M}} y_{n\overline{m}} \cdot V_{n\overline{m}} + \sum_{d\in D}\sum_{\widetilde{w}\in\widetilde{W}} y_{d\widetilde{w}} \cdot V_{d\widetilde{w}} \\
& + \sum_{\widetilde{w}\in\widetilde{W}}\sum_{\widetilde{m}\in\widetilde{M}} y_{\widetilde{w}\widetilde{m}} \cdot V_{\widetilde{w}\widetilde{m}} + \sum_{f\in F}\sum_{i\in I} U_{fi} \cdot S_{fi} + \sum_{d\in D} U_d \cdot S_d \\
& + \sum_{n\in N}\sum_{\overline{m}\in\overline{M}}\sum_{f\in F} y_{n\overline{m}} \cdot (\overline{\alpha} + \overline{\gamma}) \cdot V_{nf} \\
& + \sum_{\widetilde{w}\in\widetilde{W}}\sum_{\widetilde{m}\in\widetilde{M}}\sum_{d\in D}\sum_{f\in F} y_{\widetilde{w}\widetilde{m}} \cdot (\widetilde{\alpha} + \widetilde{\gamma}) \cdot V_{fd} \\
& + \sum_{f\in F}\sum_{n\in N}\sum_{\overline{m}\in\overline{M}} h_{fa} \cdot y_{n\overline{m}} \cdot \overline{\alpha} + \sum_{n\in N}\sum_{\overline{m}\in\overline{M}} h_{nb} \cdot y_{n\overline{m}} \cdot \overline{\beta} \\
& + \sum_{f\in F}\sum_{n\in N}\sum_{\overline{m}\in\overline{M}} h_{fc} \cdot y_{n\overline{m}} \cdot \overline{\gamma} + \sum_{f\in F}\sum_{\widetilde{w}\in\widetilde{W}}\sum_{\widetilde{m}\in\widetilde{M}} h_{fa} \cdot y_{\widetilde{w}\widetilde{m}} \cdot \widetilde{\alpha} \\
& + \sum_{d\in D}\sum_{\widetilde{w}\in\widetilde{W}}\sum_{\widetilde{m}\in\widetilde{M}} h_{db} \cdot y_{\widetilde{w}\widetilde{m}} \cdot \widetilde{\beta} + \sum_{f\in F}\sum_{\widetilde{w}\in\widetilde{W}}\sum_{\widetilde{m}\in\widetilde{M}} h_{fc} \cdot y_{\widetilde{w}\widetilde{m}} \cdot \widetilde{\gamma} \Big] \\
& - i \cdot \varepsilon - \sum_{i\subset I} r_i - e - k - C_{co_2} \cdot \Big[\sum_{f\in F} e_f \cdot X_f \\
& + \sum_{g\in G}\sum_{f\in F}\sum_{i\in I} e_{gfi} \cdot y_{gfi} + \sum_{f\in F}\sum_{d\in D} e_{fd} \cdot y_{fd} + \sum_{d\in D}\sum_{\overline{w}\in\overline{W}} y_{d\overline{w}} \cdot e_{d\overline{w}} \\
& + \sum_{\overline{w}\in\overline{W}}\sum_{n\in N} y_{\overline{w}n} \cdot e_{\overline{w}n} + \sum_{n\in N}\sum_{\overline{m}\in\overline{M}} y_{n\overline{m}} \cdot e_{n\overline{m}} + \sum_{d\in D}\sum_{\widetilde{w}\in\widetilde{W}} y_{d\widetilde{w}} \cdot e_{d\widetilde{w}} \\
& + \sum_{\widetilde{w}\in\widetilde{W}}\sum_{\widetilde{m}\in\widetilde{M}} y_{\widetilde{w}\widetilde{m}} \cdot e_{\widetilde{w}\widetilde{m}} + \sum_{\widetilde{w}\in\widetilde{W}}\sum_{\widetilde{m}\in\widetilde{M}}\sum_{n\in N}\sum_{\overline{m}\in\overline{M}}\sum_{f\in F} (y_{n\overline{m}} \cdot \overline{\alpha} \\
& + y_{\widetilde{w}\widetilde{m}} \cdot \widetilde{\alpha}) \cdot e_{fa} + \sum_{\widetilde{w}\in\widetilde{W}}\sum_{\widetilde{m}\in\widetilde{M}}\sum_{n\in N}\sum_{\overline{m}\in\overline{M}}\sum_{f\in F} (y_{n\overline{m}} \cdot \overline{\gamma} \\
& + y_{\widetilde{w}\widetilde{m}} \cdot \widetilde{\gamma}) \cdot e_{fb} + \sum_{n\in N}\sum_{\overline{m}\in\overline{M}} y_{n\overline{m}} \cdot \overline{\beta} \cdot e_{nc} \\
& + \sum_{\widetilde{w}\in\widetilde{W}}\sum_{\widetilde{m}\in\widetilde{M}} y_{\widetilde{w}\widetilde{m}} \cdot \widetilde{\beta} \cdot e_{dc} \Big] - i\varepsilon - \sum_{i\in I} r_i - e - k
\end{aligned}
\tag{8-38}
$$

（3）约束条件。在原材料价格和产品价格不确定条件下闭环双渠道供应链鲁棒优化模型中，目标函数为式（8-38），约束条件如下：

$$\varepsilon + r_i \geqslant \sum_{f\in F}\sum_{g\in G} P_i \cdot y^*_{fgi}, \forall i \tag{8-39}$$

$$-y^*_{fgi} \leqslant y_{fgi} \leqslant y^*_{fgi}, \quad \forall i \tag{8-40}$$

$$\varepsilon,\ r_i,\ y_{fgi}^* \geqslant 0,\ \ \forall i \tag{8-41}$$

$$e + k \geqslant P \cdot y^* \tag{8-42}$$

$$-y^* \leqslant y \leqslant y^* \tag{8-43}$$

$$e,\ k,\ y^* \geqslant 0 \tag{8-44}$$

$$\sum_{f\in F}\sum_{d\in D} y_{fd} = \sum_{f\in F} X_f + \sum_{n\in N}\sum_{\overline{m}\in\overline{M}} y_{n\overline{m}} \cdot \overline{\alpha} + \sum_{\widetilde{w}\in\widetilde{W}}\sum_{\widetilde{m}\in\widetilde{M}} y_{\widetilde{w}\widetilde{m}} \cdot \widetilde{\alpha} \tag{8-45}$$

$$\sum_{f\in F}\sum_{d\in D} y_{fd} \geqslant \sum_{d\in D}\sum_{\overline{w}\in\overline{W}} y_{d\overline{w}} + \sum_{d\in D}\sum_{\widetilde{w}\in\widetilde{W}} y_{d\widetilde{w}} \tag{8-46}$$

$$\sum_{d\in D}\sum_{\overline{w}\in\overline{W}} y_{d\overline{w}} = \sum_{\overline{m}\in\overline{M}} Q_{\overline{m}} \tag{8-47}$$

$$\sum_{d\in D}\sum_{\widetilde{w}\in\widetilde{W}} y_{d\widetilde{w}} = \sum_{\widetilde{m}\in\widetilde{M}} Q_{\widetilde{m}} \tag{8-48}$$

$$y = \sum_{\overline{w}\in\overline{W}}\sum_{\overline{m}\in\overline{M}} y_{\overline{w}\overline{m}} + \sum_{\widetilde{w}\in\widetilde{W}}\sum_{\widetilde{m}\in\widetilde{M}} y_{\widetilde{w}\widetilde{m}} - \sum_{n\in N}\sum_{\overline{m}\in\overline{M}} y_{n\overline{m}} \cdot (\overline{\alpha} + \overline{\beta} + \overline{\gamma})$$
$$- \sum_{\widetilde{w}\in\widetilde{W}}\sum_{\widetilde{m}\in\widetilde{M}} y_{\widetilde{w}\widetilde{m}} \cdot (\widetilde{\alpha} + \widetilde{\beta} + \widetilde{\gamma}) \tag{8-49}$$

$$\sum_{d\in D}\sum_{\overline{w}\in\overline{W}} y_{d\overline{w}} = \sum_{\overline{w}\in\overline{W}}\sum_{n\in N} y_{\overline{w}n} = \sum_{n\in N}\sum_{\overline{m}\in\overline{M}} y_{n\overline{m}} \tag{8-50}$$

$$\sum_{d\in D}\sum_{\widetilde{w}\in\widetilde{W}} y_{d\widetilde{w}} = \sum_{\widetilde{w}\in\widetilde{W}}\sum_{\widetilde{m}\in\widetilde{M}} y_{\widetilde{w}\widetilde{m}} \tag{8-51}$$

$$\sum_{d\in D} U_d = \sum_{f\in F}\sum_{d\in D} y_{fd} - \sum_{d\in D}\sum_{\overline{w}\in\overline{W}} y_{d\overline{w}} - \sum_{d\in D}\sum_{\widetilde{w}\in\widetilde{W}} y_{d\widetilde{w}} \tag{8-52}$$

$$\sum_{f\in F}\sum_{i\in I} U_{fi} = \sum_{g\in G}\sum_{f\in F}\sum_{i\in I} y_{gfi} - \sum_{i\in I}\sum_{f\in F} X_f \tag{8-53}$$

$$y_{gfi},\ y_{fd},\ y_{d\overline{w}},\ y_{d\widetilde{w}},\ y_{\overline{w}n},\ y_{n\overline{m}},\ y_{\widetilde{w}\widetilde{m}},\ y,\ U_d,\ U_{fi} \geqslant 0 \tag{8-54}$$

$$\sum_{i\in I} U_{fi} \leqslant \sum_{i\in I} B_{fi},\ \forall f \tag{8-55}$$

$$X_f \leqslant A_f,\ \ \forall f \tag{8-56}$$

$$U_d \leqslant B_d,\ \ \forall d \tag{8-57}$$

$$\sum_{n\in N}\sum_{\overline{m}\in\overline{M}} y_{n\overline{m}} \cdot \overline{\alpha} + \sum_{\widetilde{w}\in\widetilde{W}}\sum_{\widetilde{m}\in\widetilde{M}} y_{\widetilde{w}\widetilde{m}} \cdot \widetilde{\alpha} \leqslant \sum_{f\in F} E_{fa} \tag{8-58}$$

$$\sum_{\overline{w}\in\overline{W}}\sum_{\overline{m}\in\overline{M}} y_{\overline{w}\overline{m}} \cdot \overline{\beta} \leqslant \sum_{n\in N} E_{nb} \tag{8-59}$$

$$\sum_{\widetilde{w}\in\widetilde{W}}\sum_{\widetilde{m}\in\widetilde{M}} y_{\widetilde{w}\widetilde{m}} \cdot \widetilde{\beta} \leqslant \sum_{d\in D} E_{db} \tag{8-60}$$

$$\sum_{n\in N}\sum_{\overline{m}\in\overline{M}} y_{n\overline{m}} \cdot \overline{\gamma} + \sum_{\widetilde{w}\in\widetilde{W}}\sum_{\widetilde{m}\in\widetilde{M}} y_{\widetilde{w}\widetilde{m}} \cdot \widetilde{\gamma} \leqslant \sum_{f\in F} E_{fc} \tag{8-61}$$

从上述鲁棒优化模型可以看出，目标函数及所有约束条件都是鲁棒线性规划，因此可以用 lingo11 优化工具进行求解。

第九章

结　　论

第一节　基于产品生命周期的双渠道供应链网络设计优化研究

将定向匹配原则应用于供应链不同生命周期的分销结构中，即将不同的供应链销售策略与各个生命周期阶段产品的不同特征相对应。有助于企业能够根据产品不同生命周期阶段的特征进行企业经营战略的选取工作。本书构建基于产品生命周期的双渠道供应链网络设计优化模型可以有效地分析生产成本、运输成本与库存管理等方面产生的成本，使企业的盈利能力达到最大化。纵观全文，作出的主要工作有以下三项。

（1）首先针对国内外知名学者关于供应链网络设计与产品生命周期的文献进行提炼总结，构建基于产品生命周期的双渠道供应链网络设计优化模型。此模型针对产品各个生命周期阶段不同特征分别确定网络销售渠道与传统销售渠道的网络结构；根据是否线上预售、退换货方式、是否自营物流三个方向分别划分八种不同情形；同时将产品生产量、储存量、不同阶段运输量设有决策变量，实现各阶段利润最大化的目标。

（2）根据数值模拟计算得出，情景 7 即采用线上预售，第三方物流，线上订单由网络分销中心负责配送和退换货的目标函数值最优；同时基于此情景下，研究不同生命周期阶段应采用的最佳销售渠道，与不同时期工厂、零售商、供应链整体的盈利状况。

（3）本书设定预售管理模式，分析预售与非预售模式时间敏感系数灵敏度研究，当 t 超出 1.8 后，网络销售渠道流失的客户严重，市场需求信息偏离实际需求，预测信息的不准确。当顾客时间敏度系数在1.8之内时，将带动企业总利润的增加。

第二节　双渠道闭环供应链碳排放差异模型

本书通过分析线上、线下两种模式的闭环供应链碳排放差异，假设碳排放交易价格及碳税是独立于企业决策的外生变量，并且在企业计划期内相对稳定，从而建立双渠道闭环供应链的碳排放成本函数，同时确定模型参数和约束条件，进而建立考虑碳排放交易及碳税的双渠道闭环供应链网络优化模型。

通过算例，得到了在不同碳税和碳排放交易限额下的最优方案，并得出以下结论。

（1）当碳税税率越来越高时，导致供应链上的总成本梯度增加，以及总碳排放量梯度减少，但是处于不同的碳税税率时，其变化的程度又有所差异。除此以外，网络节点的选择复杂程度随着碳税税率的增加也越来越高。政府在制定关于碳税税率以及碳排放权交易的额度时，可以参照其对于供应链上的二氧化碳排放量和总成本的影响程度，选择可以较少改变供应链成本，但是又同时可以较大程度减少碳排放的额度值。

（2）双渠道闭环供应链上的总成本随着碳排放交易市场上的规则进行变化，政府应该根据不同行业的基本特征及情况实施不同的管理政策和碳排放限额等级，并且根据不同的排放等级，给予企业不同力度的碳补贴。政府制定的碳排放限额也会影响到双渠道闭环供应链网络各节点的选址和路线的选择。

通过以上结论可以看出，对研究者而言：网络规划问题是整个供应链运营的基础，闭环供应链网络设计的好坏，直接影响到新产品的销售以及废旧产品回收，从而影响整个供应链网络的效率。因此，同时以成本和二氧化碳排放最小为目标，分析不同的碳减排政策对于供应链网络设计的影响进行分析，拓展了当前关于双渠道闭环供应链研究的范围，为多个领域的决策者提供了理论依据。

参考文献

[1] Barzinpour F, Taki P. A dual-channel network design model in a green supply chain considering pricing and transportation mode choice [J]. Journal of Intelligent Manufacturing, 2018, 29 (7): 1465 - 1483.

[2] Allen L C, Yong D, Oum D, Lee J. Channel Conflict Crumbles [R]. Cambridge, MA: Forrester Research, Inc. , 2000.

[3] Tsay A A, Agrawal N. Channel conflict and coordination in the e-commerce age [J]. Production and Operations Management, 2004, 13 (13): 93 - 110.

[4] Liu B, Zhang R, Xiao M D. Joint decision on production and pricing for online dual channel supply chain system [J]. Applied Mathematical Modelling, 2010, 34 (12): 4208 - 4218.

[5] Gumus A T, Guneri A F, Keles S. Supply chain network design using an integrated neuro-fuzzy and MILP approach: A comparative design study [J]. Expert Systems with Applications, 2009, 36 (10): 12570 - 12577.

[6] Souza G C. Closed-loop supply chains: A critical review, and future research [J]. Decision Sciences, 2013, 44 (1): 1 - 38.

[7] Eskandarpour M, Dejax P, Miemczyk J, Péton O. Sustainable supply chain network design: An optimization-oriented review [J]. Omega - International Journal of Management Science, 2015, 54: 11 - 32.

[8] Qiang Q P. The closed-loop supply chain network with competition and design for remanufactureability [J]. Journal of Cleaner Production, 2015, 105: 348 - 356.

[9] Intergovernmental Panel on Climate Change. Climate change 2007: Synthesis Report. Summary for Policy Makers [R]. Geneva: IPCC, 2007.

[10] Ellerman A D. Markets for clean air: the US acid rain program [M]. Gambridge: Cambridge University Press, 2000.

[11] Ellerman A D, Buchner B K. The European Union emissions trading scheme: origins, allocation, and early results [J]. Review of Environmental Economics and Policy, 2007, 1 (1): 66-87.

[12] 何建坤. 积极推进中国特色全国碳排放权交易市场建设 [N]. 中国环境报, 2019-09-27.

[13] Georgiadis M C, Tsiakis P, Longinidis P, et al. Optimal design of supply chain networks under uncertain transient demand variations [J]. Omega, 2011, 39 (3): 254-272.

[14] Thadakamaila H P, Raghavan U N, Kumara S, et al. Survivability of multiagent-based supply networks: a topological perspect [J]. IEEE Intelligent Systems, 2005, 19 (5): 24-31.

[15] 丁青艳. 复杂网络结构下供应链企业间合作关系研究 [D]. 北京: 北京交通大学, 2012.

[16] 李广军. 需求不确定条件下的供应链网络设计 [D]. 长沙: 长沙理工大学, 2009.

[17] Yan H, Yu Z, Cheng T C E. A strategic model for supply chain design with logical constraints: formulation and solution [J]. Computers & Operations Research, 2003, 30 (14): 2135-2155.

[18] Goh M, Lim J Y S, Meng F. A stochastic model for risk management in global supply chain networks [J]. European Journal of Operational Research, 2007, 182 (1): 164-173.

[19] Bogataj D, Bogataj M. Measuring the supply chain risk and vulnerability in frequency space [J]. International Journal of Production Economics, 2007, 108 (1-2): 291-301.

[20] 朱晋伟, 翟丽佳. 鲁棒优化研究的国际热点与发展趋势分析 [J]. 统计与决策, 2018, 34 (20): 78-82.

[21] Thadakamalla H P, Raghavan U N, Kumara S, et al. Survivability of multiagent-based supply networks: a topological perspect [J]. IEEE Intelligent Systems, 2005, 19 (5): 24-31.

[22] Tsiakis P N, Shah A, Pantelides C C. Design of Multi-echelon Supply Chain Networks under Demand Uncertainty [J]. Industrial & Engineering Chemistry Research, 2001, 40 (16): 3585-3604.

[23] Pullman M E, Dillard J. Values based supply chain management and

emergent organizational structures [J]. International Journal of Operations & Production Management, 2010, 30 (7): 744 - 771.

[24] Yu G. Robust economic order quantity models [J]. European Journal of Operational Research, 1997, 100 (3): 482 - 493.

[25] Gallego G, Ryan J K, Simchi - Levi D. Minimax analysis for finite-horizon inventory models [J]. Iie Transactions, 2001, 33 (10): 861 - 874.

[26] Ben - Tal A, Golany B, Nemirovski A, et al. Retailer - Supplier Flexible Commitments Contracts: A Robust Optimization Approach [J]. Manufacturing & Service Operations Management, 2005, 7 (3): 248 - 271.

[27] 张雷，严志强，马璐．考虑产品阶段需求特征的动态供应链网络优化 [J]．计算机集成制造系统，2012，18 (6): 1263 - 1270.

[28] 徐贤浩，余双琪．短生命周期产品的三种库存模型的比较 [J]．管理科学学报，2007，10 (4): 103 - 137.

[29] Rink D R, Swan J E. Product life cycle research: A literature review [J]. Journal of Business Research, 1979, 7 (3): 219 - 242.

[30] 蔡莉，毛传虎．产品生命周期模型 [J]．吉林工业大学自然科学学报，1999 (3): 48 - 52.

[31] 吴晓波，聂品．现代国际领域产品生命周期研究——对弗农 (Vernon) 学说的一种拓展 [J]．国际贸易问题，2005 (5): 121 - 130.

[32] Martin G E. Discount pricing policies for new products [J]. Engineering Costs & Production Economics, 1989, 18 (1): 23 - 31.

[33] Santiago L P. An empirical investigation on the appropriateness of flexibility approach to the product portfolio selection [J]. International Journal of Technology Management, 2008, 44 (1/2): 251.

[34] Kowalski K, Lev B. On step fixed-charge transportation problem [J]. Omega, 2008, 36 (5): 913 - 917.

[35] 杰克．菲利普·科特勒的慧眼——读《市场营销管理》[J]．中国科技投资，2002 (1): 66 - 80.

[36] Vernon R. International investment and international trade in the product cycle [J]. International Executive, 1966, 8 (4): 16 - 16.

[37] 熊光楞，徐文胜．并行工程的理论与实践 [M]．北京：清华大学出版社，2001.

[38] Xie X, Simon M. Simulation for product life cycle management [J]. Jour-

nal of Manufacturing Technology Management, 2006, 17 (17): 486 -495.

[39] 张和明, 熊光楞. 制造企业的产品生命周期管理 [M]. 北京: 清华大学出版社, 2006.

[40] Guedes C. Changing the cultural landscape: English engineers, American missionaries, and the YMCA bring sports to Brazil-the 1870s to the 1930s [J]. International Journal of the History of Sport, 2011, 28 (17): 2594 -2608.

[41] Subrahmanian E 1. Product lifecycle management support: a challenge in supporting product design and manufacturing in a networked economy [J]. International Journal of Product Lifecycle Management, 2005, 1 (1): 4 -25.

[42] 张琰, 陈纪南. 浅析产品生命周期各个阶段的企业财务策略 [J]. 商场现代化, 2005 (29): 292 -293.

[43] 章晓霞. 基于产品生命周期的决策实务 [J]. 财会通讯: 理财版, 2006 (2): 9 -10.

[44] 郑秀云. 浅谈产品生命周期理论在企业战略管理中的应用 [J]. 福建江夏学院学报, 2006 (4): 7 -8.

[45] 沈建新, 周儒荣. 产品全生命周期管理系统框架及关键技术研究 [J]. 南京航空航天大学学报, 2003 (5): 93 -101.

[46] 黄永涛. 面向产品生命周期供应链及延迟策略研究 [D]. 哈尔滨: 哈尔滨理工大学, 2009.

[47] 骆凡. 基于价值链的产品生命周期成本管理研究 [D]. 北京: 北京航空航天大学, 2011.

[48] Jun H B, Shin J H, Kim Y S, et al. A framework for RFID applications in product lifecycle management [J]. International Journal of Computer Integrated Manufacturing, 2009, 22 (7): 595 -615.

[49] Taholakian A, Hales W M M. PN PLC: A methodology for designing, simulating and coding PLC based control systems using Petri nets [J]. International Journal of Production Research, 1997, 35 (6): 1743 -1762.

[50] Venkatesan R, Mehta K, Bapna R. Understanding the confluence of retailer characteristics, market characteristics and online pricing strategies [J]. Decision Support Systems, 2007, 42 (3): 1759 -1775.

[51] Hua G, Cheng T C E, Wang S. Managing carbon footprints in inventory management [J]. International Journal of Production Economics, 2011, 132 (2): 178 -185.

[52] Benjaafar S, Li Y, Daskin M. Carbon footprint and the management of supply chains: insights from simple models [J]. IEEE Transactions on Automation Science and Engineering. 2013, 10 (1): 99 – 116.

[53] Gong X, Zhou S X. Optimal production planning with emissions trading [J]. Operations Research, 2013, 61 (4): 908 – 924.

[54] Xu X Y, Xu X, He P. Joint production and pricing decisions for multiple products with cap-and-trade and carbon tax regulations [J]. Journal of Cleaner Production. 2016, 112 (20): 4093 – 4106.

[55] Du S F, Hu L, Song M L. Production optimization considering environmental performance and preference in the cap-and-trade system [J]. Journal of Cleaner Production. 2016, 112 (20): 1600 – 1607.

[56] Ghosh D, Shah J. A Comparative Analysis of Greening Policies across Supply Chain Structures [J]. International Journal of Production Economics, 2012, 135 (2): 568 – 583.

[57] Toptal A, Cetinkaya B. How Supply Chain Coordination Affects the Environment: a Carbon Footprint Perspective [J]. Annals of Operations Research, 2015, 250 (2): 487 – 519.

[58] 谢鑫鹏，赵道致，刘永军．需求具有碳排放敏感性的低碳供应链收益共享寄售契约 [J]. 系统管理学报，2015，24 (1): 107 – 115.

[59] 李媛，赵道致．考虑公平偏好的低碳化供应链契约协调研究 [J]. 管理工程学报，2015，29 (1): 156 – 161.

[60] 鲁力，陈旭．不同碳排放政策下基于回购合同的供应链协调策略 [J]. 控制与决策，2014，29 (12): 2212 – 2220.

[61] 徐春明，赵道致，杜其光．需求依赖减排水平和价格的供应链决策与协调机制 [J]. 控制与决策，2016，31 (3): 486 – 492.

[62] 陈玉玉，李帮义，徐健腾，柏庆国，刘志．碳限额交易政策下寄售契约对两级可持续供应链的协调 [J]. 控制与决策，2019 (5): 1085 – 1093.

[63] 覃艳华，曹细玉，袁传怀．不同碳排放政策下考虑碳减排投入的供应链协调 [J]. 工业工程，2015，18 (4): 99 – 106.

[64] Wang Q P, Zhao D Z, He L F. Contracting emission reduction for supply chains considering market low-carbon preference [J]. Journal of Cleaner Production, 2016 (120): 72 – 84.

[65] Zhou Y J, Bao M J, Chen X H. Co-op advertising and emission reduc-

tion cost sharing contracts and coordination in low-carbon supply chain based on fairness concerns [J]. Journal of Cleaner Production, 2016 (133): 402 – 143.

[66] 庞庆华，沈一，杨田田等. 考虑碳税和政府补贴政策的供应链碳减排协调研究 [J]. 江西理工大学学报，2017，38 (6): 39 – 44.

[67] Hong Z F, Guo X L. Green product supply chain contracts considering environmental responsibilities [J]. Omega, 2019 (83): 155 – 166.

[68] 刘名武，吴开兰，付红，许茂增. 消费者低碳偏好下零售商主导供应链减排合作与协调 [J]. 系统工程理论与实践，2017，37 (12): 3109 – 3117.

[69] 陈剑. 低碳供应链管理研究 [J]. 系统管理学报，2012，21 (6): 721 – 728.

[70] Yi Y Y, Li J X. The effect of governmental policies of carbon taxes and energy-saving subsidies on enterprise decisions in a two-echelon supply chain [J]. Journal of Cleaner Production, 2018 (181): 675 – 691.

[71] Zu Y F, Chen L H, Fan Y. Research on low-carbon strategies in supply chain with environmental regulations based on differential game [J]. Journal of Cleaner Production, 2018 (177): 527 – 546.

[72] Wang J, Bai Q G. Pricing decision of a two-echelon supply chain with one supplier and two retailers under a carbon cap regulation [J]. Journal of Cleaner Production, 2017 (151): 286 – 302.

[73] 周艳菊，熊凯伦. 碳限额交易机制下嵌入式低碳服务供应链模型研究 [J]. 软科学，2018，32 (2): 50 – 54.

[74] 刘名武，万谧宇，付红. 碳交易与低碳偏好下供应链低碳技术选择研究 [J]. 中国管理科学，2018，26 (1): 152 – 162.

[75] 程茜，汪传旭，徐朗. 考虑利他偏好的低碳供应链决策 [J]. 山东大学学报 (理学版)，2017，52 (11): 1 – 12.

[76] Guo Y, Ma J. Research on game model and complexity of retailer collecting and selling in closed-loop supply chain [J]. Applied Mathematical Modelling, 2013, 37 (7): 5047 – 5058.

[77] 张成堂，杨善林. 双渠道回收下闭环供应链的定价与协调策略[J]. 计算机集成制造系统，2013，19 (7): 1676 – 1683.

[78] 许茂增，唐飞. 基于第三方回收的双渠道闭环供应链协调机制[J]. 计算机集成制造系统，2013，19 (8): 2083 – 2089.

[79] 张芳，马小林．双渠道闭环供应链博弈模型的复杂性分析 [J]. 天津工业大学学报，2018，37（3）：76－82.

[80] 于春海，刘姗姗，荣冬玲，李祎多．考虑再制造回收率的两阶段双渠道闭环供应链协调契约设计 [J]. 东北大学学报（自然科学版），2018，39（5）：756－760.

[81] Chiang W Y K，Chhajed D，Hess J D. Direct marketing，indirect profits：a strategic analysis of dual-channel supply-chain design [J]. Management Science，2003，49（1）：1－20.

[82] Dumrongsiri A，Fan M，Jain A，Moinzadeh K. A supply chain model with direct and retail channels [J]. European Journal of Operational Research，2008，187（3）：691－718.

[83] Huang W，Swaminathanab J M. Introduction of a second channel：implications for pricing and profits [J]. European Journal of Operational Research，2009，194（1）：258－279.

[84] Cai G. Channel selection and coordination in dual-channel supply chains [J]. Journal of Retailing，2010，86（1）：22－36.

[85] 陈远高，刘南．具有服务差异的双渠道供应链竞争策略 [J]. 计算机集成系统，2010，16（11）：2484－2489.

[86] Batarfi R，Jaber M Y，Zanoni S. Dual-channel supply chain：A strategy to maximize profit [J]. Applied Mathematical Modelling，2016，40（6）：9454－9473.

[87] 赵连霞，程明宝．基于制造商销售渠道选择的供应链定价策略研究 [J]. 系统工程理论与实践，2016，36（9）：2310－2317.

[88] Zhang P，He Y，Shi C M. Retailer's channel structure choice：Online channel，offline channel，or dual channels? [J]. International Journal of Production Economics，2017（191）：37－50.

[89] Chen X，Wang X J，Jiang X K. The impact of power structure on the retail service supply chain with an O2O mixed channel [J]. Journal of the Operational Research Society，2015（6）：1－8.

[90] Matsui K. When should a manufacturer set its direct price and wholesale price in dual-channel supply chains [J]. European Journal of Operational Research，2017，258（2）：501－511.

[91] Dan B，Xu G Y，Liu C. Pricing policies in a dual-channel supply chain

with retail services [J]. Int. J. Production Economics, 2012 (139): 312 - 320.

[92] Rodriguez B, Aydin, G. Pricing and assortment decisions for a manufacturer selling through dual channels [J]. European Journal of Operational Research, 2015 (242): 901 - 909.

[93] Li B, Hou P W, Chen P, Li Q H. Pricing strategy and coordination in a dual channel supply chain with a risk-averse retailer [J]. International Journal of Production Economics, 2016 (178): 154 - 168.

[94] Xiao T J, Shi J. Pricing and supply priority in a dual-channel supply chain [J]. European Journal of Operational Research, 2016 (254): 813 - 823.

[95] Li Q H, Li B. Dual-channel supply chain equilibrium problems regarding retail services and fairness concerns [J]. Applied Mathematical Modelling, 2016 (40): 7349 - 7367.

[96] Li G, Li L, Sethi S P, Guan X. Return strategy and pricing in a dual-channel supply chain [J]. International Journal of Production Economics, 2017 (215): 153 - 164.

[97] Chen J X, Liang L, Yao D Q, Sun S N. Price and quality decisions in dual-channel supply chains [J]. European Journal of Operational Research, 2017 (259): 935 - 948.

[98] 徐广业，但斌，肖剑．基于改进收益共享契约的双渠道供应链协调研究 [J]. 中国管理科学，2010，18 (6): 59 - 64.

[99] 肖剑，但斌，张旭梅．双渠道供应链中制造商和零售商的服务合作定价策略 [J]. 系统工程理论与实践，2010，30 (12): 2203 - 2211.

[100] 黄松，杨超，杨珺．需求和成本同时扰动下双渠道供应链定价与生产决策 [J]. 系统工程理论与实践，2014，34 (5): 1219 - 1229.

[101] 吴晓志，陈宏，张俊．需求和成本同时扰动下零售商双渠道供应链协调研究 [J]. 系统管理学报，2017，26 (6): 1151 - 1157.

[102] 刘昊，王志平，李桃迎．制造商统一定价下双渠道供应链促销及协调策略 [J]. 工业技术经济，2018 (2): 74 - 81.

[103] Stock J R. Reverse logistics: White paper [M]. Oak Brook, IL: Council of Logistics Management, 1992.

[104] Rubio S, Chamorro A, Miranda J. Characteristics of the research on reverse logistics (1995 - 2005) [J]. International Journal of Production Research, 2008, 46 (4): 1099 - 1120.

[105] Luthra S, Mangla S K, Kumar S, Garg D, Haleem A. Identify and prioritise the critical factors in implementing the reverse logistics practices: a case of Indian auto component manufacturer [J]. International Journal of Business and Systems Research, 2017, 11 (1-2): 42-61.

[106] Wang J J, Chen H Z, Rogers D S, Ellram L M, Grawe S J. A bibliometric analysis of reverse logistics research (1992-2015) and opportunities for future research [J]. International Journal of Physical Distribution & Logistics Management, 2017, 47 (8): 666-687.

[107] Govindan K, Soleimani H, Kannan D. Reverse logistics and closed-loop supply chain: a comprehensive review to explore the future [J]. European Journal of Operational Research, 2015, 240 (3): 603-626.

[108] Souza G C. Closed-loop supply chains: A critical review, and future research [J]. Decision Sciences, 2013, 44 (1): 1-38.

[109] Amaro A C S. Barbosa-Povoa A P F D. The effect of uncertainty on the optimal closed-loop supply chain planning under different partnerships structure [J]. Computers & Chemical Engineering, 2009, 33 (12): 2144-2158.

[110] Ferrer G, Swaminathan J M. Managing new and differentiated remanufactured products [J]. European Journal of Operational Research, 2010, 203 (2): 370-379.

[111] Savaskan R C, Bhattacharya S Wassenhove L N V. Closed-loop supply chain models with product remanufacturing [J]. Management Science, 2004, 50 (2): 239-252.

[112] Vadde S, Zeid A, Kamarthi S V. Pricing decisions in a multicriteria setting for product recovery facilities [J]. Omega, 2011, 39 (2): 186-193.

[113] Guide V D R, Teunter R H, Wassenhove L N V. Matching demand and supply to maximize profits from remanufacturing [J]. Manufacturing & Service Operations Management, 2003, 5 (4): 303-316.

[114] Liang Y, Pokharel S, Lim G H. Pricing used products for remanufacturing [J]. European Journal of Operational Research, 2009, 193 (2): 390-395.

[115] Van Engeland, J, Belien J, De Boeck L, De Jaeger S. Literature review: Strategic network optimization models in waste reverse supply chains [J]. Omega-International Journal of Management Science, 2020: 91.

[116] Kazemi, N., Modak, N. M., Govindan, K. A review of reverse logistics and closed loop supply chain management studies published in IJPR: a bibliometric and content analysis [J]. International Journal of Production Research, 2019, 57 (15-16): 4937-4960.

[117] Waltho C, Elhedhli S, Gzara F. Green supply chain network design: A review focused on policy adoption and emission quantification [J]. International Journal of Production Economics. 2019, 208: 305-318,

[118] Keyvanshokooh E, Fattahi M, Seyed-Hosseini S, Tavakkoli Moghaddam R. A dynamic pricing approach for returned products in integrated forward/reverse logistics network design [J]. Applied Mathematical Modelling, 2013, 37 (24): 10182-10202.

[119] Giri B C, Chakraborty A, Maiti T. Pricing and return product collection decisions in a closed-loop supply chain with dual-channel in both forward and reverse logistics [J]. Journal of Manufacturing Systems, 2017, 42: 104-123.

[120] Zhalechian M, Tavakkoli-Moghaddam R, Zahiri B, Mohammadi M. Sustainable design of a closed-loop location-routing-inventory supply chain network under mixed uncertainty [J]. Transportation Research Part E: Logistics and Transportation Research, 2016, 89: 182-214.

[121] Amin S H, Zhang G. An integrated model for closed-loop supply chain configuration and supplier selection: Multi-objective approach [J]. Expert Systems with Applications, 2012, 39 (8): 6782-6791.

[122] Maiti T, Giri B C. A closed loop supply chain under retail price and product quality dependent demand [J]. Journal of Manufacturing Systems, 2015, 37: 624-637.

[123] Gan S S, Pujawan I N, Widodo B. Pricing decision for new and remanufactured product in a closed-loop supply chain with separate sales-channel [J]. International Journal of Production Economics, 2017, 190: 120-132.

[124] Fahimnia B, Sarkis J, Dehghanian F, Banihashemi N, Rahman S. The impact of carbon pricing on a closed-loop supply chain: An Australian case study [J]. Journal of Cleaner Production, 2013, 59: 210-225.

[125] Tao Z G, Guang Z Y, Hao S, Song H J, Xin D G. Multi-period closed-loop supply chain network equilibrium with carbon emission constraints [J]. Resources Conservation and Recycling, 2015, 104: 354-365.

[126] Zheng X, Zhu P, Chen S. Research on Optimization of Closed Loop Supply Chain Integrated Model Based on Low Carbon [J]. Chemical Engineering Journal, 2016, 51: 967 – 972.

[127] Zohal M, Soleimani H. Developing an ant colony approach for green closed-loop supply chain network design: a case study in gold industry [J]. Journal of Cleaner Production, 2016, 133: 314 – 337.

[128] Bazan E, Jaber M Y, Zanoni S. Carbon emissions and energy effects on a two-level manufacturer-retailer closed-loop supply chain model with remanufacturing subject to different coordination mechanisms [J]. International Journal of Production Economics, 2017, 183: 394 – 408.

[129] Chen X, Benjaafar S, Elomri A. The carbon-constrained EOQ [J]. Operations Research Letters, 2013, 41 (2): 172 – 179.

[130] Benjaafar S, Li Y, Daskin M. Carbon footprint and the management of supply chains: Insights from simple models [J]. IEEE Transactions on Automation Science and Engineering, 2013, 10 (1): 99 – 116.

[131] Michael C, Panagiotis T, Pantelis L, Maria K. Optimal design of supply chain networks under uncertain transient demand variations [J]. Omega, 2011 (39): 254 – 272.

[132] Simchi – Levi D, Kaminsky P, Simchi – Levi E. Managing the supply chain: The definitive guide for the business professional [J]. Boston: McGraw – Hill Companies, 2004.

[133] Kazemi N, Modak N M, Govindan K. A review of reverse logistics and closed loop supply chain management studies published in IJPR: a bibliometric and content analysis [J]. International Journal of Production Research, 2019, 57 (15 – 16): 4937 – 4960.

[134] 戴卓，胡凯．多目标低碳闭环供应链网络优化模型及算法 [J]．计算机应用研究，2014，31 (6): 164 – 168.

[135] Zhalechian M, Tavakkoli – Moghaddam R, Zahiri B, Mohammadi M. Sustainable design of a closed-loop location-routing-inventory supply chain network under mixed uncertainty [J]. Transportation Research Part E – Logistics and Transportation Review, 2016, 89: 182 – 214.

[136] Soleimani H, Govindan K, Saghafi H, Jafari H. Fuzzy multi-objective sustainable and green closed-loop supply chain network design [J]. Computers & In-

dustrial Engineering, 2017, 109: 191 – 203.

[137] Hasanov P, Jaber M Y, Tahirov N. Four-level closed loop supply chain with remanufacturing [J]. Applied Mathematical Modeling, 2019, 66: 141 – 155.

[138] Dong J F, Jiang L, Lu W X, Guo Q. Closed-loop supply chain models with product remanufacturing under random demand [J]. Optimization, 2019.

[139] 谢家平，李璟，杨非凡，梁玲．新能源汽车闭环供应链的多级契约决策优化 [J]. 管理工程学报，2020：1 – 14.

[140] Shen C, Zhang X. Decisions models for a kind of dual channel closed-loop supply chain integrated with remanufacturing and manufacturing [C]. IEEE International Conference on Service Operations and Logistics, and Informatics, 2008.

[141] Gao J, Wang X, Yang Q, Zhong Q. Pricing decisions of a dual-channel closed-loop supply chain under uncertain demand of indirect channel [J]. Mathematical Problems in Engineering, 2016.

[142] 唐飞，许茂增．基于公平偏好的双渠道闭环供应链定价决策 [J]. 系统工程，2017，35 (4)：110 – 115.

[143] 赵静，肖亚倩．不同渠道偏好和运营成本下双渠道闭环供应链定价决策研究 [J]. 运筹与管理，2018，27 (12)：108 – 114.

[144] 王垒，曲晶，刘新民．考虑横向公平的双渠道销售闭环供应链定价策略与协调研究 [J]. 工业工程，2018，21 (3)：21 – 31.

[145] 唐飞，许茂增．考虑专利保护和渠道偏好的再制造双渠道闭环供应链决策与协调 [J]. 运筹与管理，2019，28 (6)：61 – 69.

[146] Taleizadeh A A, Sane – Zerang E, Choi T. The effect of marketing effort on dual-channel closed-loop supply chain systems [J]. IEEE Transactions on Systems Man Cybernetics, 2018, 48 (2): 265 – 276.

[147] 倪明，张族华，郭军华，杨善林．不确定需求条件下双渠道回收闭环供应链回收模式比较 [J]. 系统工程，2017，35 (2)：60 – 68.

[148] 申强，徐莉莉，杨为民，刘笑冰，侯云先．需求不确定下双渠道供应链产品质量控制研究 [J]. 中国管理科学，2019，27 (3)：128 – 136.

[149] 易余胤，陈月霄．需求不确定条件下的闭环供应链模型 [J]. 计算机集成制造系统，2010，16 (7)：1531 – 1538.

[150] 计国君．不确定需求下有价差时再造回收模式研究 [J]. 中国流通经济，2009 (5)：41 – 45.

[151] 张翠，高阳．基于回收不确定的闭环供应链优化模型 [J]. 金融与

财务，2009（6）：59－63.

［152］ Plambeck E L. Reducing greenhouse gas emissions through operations and supply chain management ［J］. Energy Economics，2012：34（3），S64－S74.

［153］ Ramudhin A，Chaabane A，Kharoune M，et al. Carbon Market Sensitive Green Supply Chain Network Design ［C］// IEEE International Conference on Industrial Engineering & Engineering Management. 2009.

［154］ Ballot E，Fontane F. Reducing transportation CO2 emissions through pooling of supply networks：perspectives from a case study in French retail chains ［J］. Production Planning & Control，2010（6）：640－650.

［155］ 吴义生，吴顺祥，白少布，朱振涛．面向网购的低碳供应链超网络优化模型及其应用［J］. 中国管理科学，2017（6）：111－120.

［156］ 汪传旭，李辉．政府补贴下考虑碳排放限量的双渠道闭环供应链决策［J］. 复旦学报（自然科学版），2018（2）：131－142.

［157］ Ji J N，Zhang Z Y，Yang L. Carbon emission reduction decisions in the retail-/dual-channel supply chain with consumers' preference ［J］. Journal of Cleaner Production，2017（141）：852－867.

［158］ Ji J N，Zhang Z Y，Yang L. Comparisons of initial carbon allowance allocation rules in an O2O retail supply chain with the cap-and-trade regulation ［J］. International Journal of Production Economics，2017（187）：68－84.

［159］ Li B，Zhu M Y，Jiang Y S，Li Z H. Pricing policies of a competitive dual-channel green supply chain ［J］. Journal of Cleaner Production，2016（112）：2029－2042.

［160］ Xu J T，Qi Q，Bai Q G. Coordinating a dual-channel supply chain with price discount contracts under carbon emission capacity regulation ［J］. Applied Mathematical Modelling，2018（56）：449－468.

［161］ 刘云龙，黄承锋，侯忠伟．考虑消费者低碳偏好的双渠道供应链竞争策略研究［J］. 重庆交通大学学报（自然科学版），2016，35（6）：168－170，176.

［162］ 黄书真，徐福缘，何建佳，刘举胜．双渠道低碳供应链合作减排与促销决策模型［J］. 科技管理研究，2017，17：246－256.

［163］ 杨仕辉，肖导东．两级低碳供应链渠道选择与协调［J］. 软科学，2017，31（3）：92－98.

[164] 杨满，汪传旭，徐朗．考虑搭便车的双渠道供应链定价与减排决策［J］．计算机工程与应用，2017（10）：1703－0148.

[165] 周熙登．碳限额下双渠道供应链减排与定价决策［J］．数学的实践与认识，2017，47（20）：20－28.

[166] 杨磊，张琴，张智勇．碳交易机制下供应链渠道选择与减排策略［J］．管理科学学报，2017，20（11）：75－86.

[167] Metcalf G E. Market-based policy options to control U. S. greenhouse gas emissions [J]. Journal of Economic Growth, 2009, 23 (2): 5 –27.

[168] Chaabane A, Ramudhin A, Paquet M. Design of sustainable supply chains under the emission trading scheme [J]. International Journal of Production Economics, 2012, 135 (1): 37 –49.

[169] Du S, Ma F, Fu Z. Zhu L, Zhang J. Game-theoretic analysis for an emission-dependent supply chain in a "cap-and-trade" system [J]. Annals of Operations Research, 2015, 228 (1): 135 –149.

[170] Ji J, Zhang Z. Yang L. Carbon emission reduction decisions in the retail-/dual-channel supply chain with consumers' preference [J]. Journal of Cleaner Production, 2017, 141: 852 –867.

[171] Qi Q, Wang J, Bai Q. Pricing decision of a two-echelon supply chain with one supplier and two retailers under a carbon cap regulation [J]. Journal of Cleaner Production, 2017, 151: 286 –302.

[172] Hua G, Cheng T, Wang S. Managing carbon footprints in inventory management [J]. International Journal of Production Economics, 2011, 132: 178 –185.

[173] He L, Zhao D, Xia L. Game Theoretic Analysis of Carbon Emission Abatement in Fashion Supply Chains Considering Vertical Incentives and Channel Structures [J]. Sustainability, 2015, 7: 4280 –4309.

[174] Luo Z, Chen X, Wang X. The role of co-opetition in low carbon manufacturing [J]. European Journal of Operational Research, 2016, 253: 392 –403.

[175] Xu Z, Pokharel S, Elomri A, Mutlu F. Emission policies and their analysis for the design of hybrid and dedicated closed-loop supply chains [J]. Journal of Cleaner Production, 2017, 142 (4), 4152 –4168.

[176] Ellerman A D, Buchner B K. The European Union emissions trading scheme: origins, allocation, and early results [J]. Review of Environmental Economics and Policy, 2007, 1 (1): 66 –87.

[177] Wong K Y, Chuah J H, Hope C. As an emerging economy, should Malaysia adopt carbon taxation? [J] Energy & Environmental Science, 2019, 30: 91 - 108.

[178] Olsen D J, Dvorkin Y, Fernández - Blanco R, Ortega - Vazquez M A. Optimal Carbon Taxes for Emissions Targets in the Electricity Sector [J]. IEEE Transactions on Power System, 2018, 33: 5892 - 5901.

[179] Chen X, Benjaafar S, Elomri A. The carbon-constrained EOQ [J]. Operations Research Letters, 2013, 41, 172 - 179.

[180] Fahimnia B, Sarkis J, Choudhary A, Eshragh A. Tactical supply chain planning under a carbon tax policy scheme: a case study [J]. International Journal of Production Economics, 2015, 164: 206 - 215.

[181] Zakeri A, Dehghanian F, Fahimnia B, Sarkis J. Carbon pricing versus emissions trading: a supply chain planning perspective [J]. International Journal of Production Economics, 2015, 164: 197 - 205.

[182] 杨玉香, 张宝友, 孟丽君, 于艳娜. 不同碳税政策对供应链网络均衡的影响研究 [J]. 计算机集成制造系统: 2020 (8): 1 - 19.

[183] Haddadsisakht A, Ryan S M. Closed-loop supply chain network design with multiple transportation modes under stochastic demand and uncertain carbon tax [J]. International Journal of Production Economics, 2018, 195: 118 - 131.

[184] Ma X, Ji P, Ho W. Optimal procurement decision with a carbon tax for the manufacturing industry [J]. Computers & Operations Research, 2018, 89: 360 - 368.

[185] Song J P, Leng M M. Analysis of the single-period problem under carbon emissions policies [M]//Choi, T. M. (Eds). Handbook of Newsvendor Problems. International Series in Operations Research and Management Science. New York: Springer, 2012: 297 - 313.

[186] Jaber M Y, Glock C H, El Saadany A M A. Supply chain coordination with emissions reduction incentives [J]. International Journal of Production Economics, 2013, 51 (1): 69 - 82.

[187] He L, Zhao D, Xia L. Game Theoretic Analysis of Carbon Emission Abatement in Fashion Supply Chains Considering Vertical Incentives and Channel Structures [J]. Sustainability, 2015, 7: 4280 - 4309.

[188] Xu Z, Pokharel S, Elomri A, Mutlu F. Emission policies and their

analysis for the design of hybrid and dedicated closed-loop supply chains [J]. Journal of cleaner Production, 2017, 142 (4): 4152 -4168.

[189] 马士华, 林勇. 供应链管理 [M]. 北京: 高等教育出版社, 2003.

[190] 张涛, 孙林岩. 供应链不确定性管理: 技术与策略 [M]. 北京: 清华大学出版社, 2005.

[191] Tang C S. Perspectives in supply chain risk management [J]. International Journal of Production Economics, 2006, 103 (2): 451 -488.

[192] 黄小原, 晏妮娜. 供应链鲁棒性问题的研究进展 [J]. 管理学报, 2007 (4): 521 -528.

[193] 韩小花. 不确定性闭环供应链回收渠道的决策分析 [J]. 工业技术经济, 2010, 29 (2): 95 -98.

[194] Liao H, Shi Y, Liu X, Shen N, Deng Q. A non-probabilistic model of carbon footprints in remanufacture under multiple uncertainties [J]. Journal of Cleaner Production, 2019, 211: 1127 -1140.

[195] Govindan K, Fattahi M, Keyvanshokooh E. Supply chain network design under uncertainty: a comprehensive review and future research directions [J]. European Journal of Operational Research, 2017, 263: 108 -141.

[196] 徐玖平, 李军. 多目标决策的理论与方法 [M]. 北京: 清华大学出版社, 2005.

[197] Soyster A L. Convex Programming with set-inclusive constraints and applications to inexact linear programming [J]. Operations Research, 1973, 21 (5): 1154 -1157.

[198] Mulvey J M, Vanderbei R J, Zenios S A. Robust optimization of large-scale systems [J]. Operations Research, 1995, 43: 264 -281.

[199] Ben -Tal A, Nemirovski A. Robust convex optimization [J]. Mathematics of Operations Research, 1998, 23 (4): 769 -805.

[200] Ben - Tal A, Nemirovski A. Robust solutions of linear programming problems contaminated with uncertain data [J]. Mathematical Programming, 2000, 88 (3): 411 -424.

[201] El Ghaoui L, Oustry F, Lebret H. Robust solutions to uncertain Semi-definite programs [J]. Siam Journal on Optimization, 1998, 9 (1): 33 -52.

[202] Laurent E G I, Herv L I. Robust solutions to least-squares problems with uncertain data [J]. SIAM Journal on Matrix Analysis and Applications, 2000,

18 (4).

[203] Bertsimas D, Sim M. The Price of Robustness [J]. Operations Research, 2004, 52 (1): 35 - 53.

[204] Yu C, Li H. A robust optimization model for stochastic logistic problems [J]. International Journal of Production Economics, 2000, 64: 385 - 397.

[205] Rahmani D, Ramezanian R, Fattahi P, Heydari M. A robust optimization model for multi-product two-stage capacitated production planning under uncertainty [J]. Applied Mathematical Modelling, 2013, 37 (20 - 21): 8957 - 8971.

[206] Ma R, Yao L, Jin M, Ren P, Lv Z. Robust environmental closed-loop supply chain design under uncertainty [J]. Chaos, Solitons & Fractals, 2016, 89: 195 - 202.

[207] Mohammed F, Selim S Z, Hassan A, Naqeebuddin M. Multi-period planning of closed-loop supply chain with carbon policies under uncertainty [J]. Transportation Research Part D: Transport and Environment, 2017, 51: 146 - 172.

[208] Safaei A S, Roozbeh A, Paydar M M. A robust optimization model for the design of a cardboard closed-loop supply chain [J]. Journal of Cleaner Production, 2017, 166: 1154 - 1168.

[209] 田俊峰, 杨梅, 岳劲峰. 具有遗憾值约束的鲁棒供应链网络设计模型研究 [J]. 管理工程学报, 2012, 26 (1): 48 - 55.

[210] Zhen L, Huang L, Wang W. Green and sustainable closed-loop supply chain network design under uncertainty [J]. Journal of Cleaner Production, 2019, 227: 1195 - 1209.

[211] 徐家旺, 黄小原, 郭海峰. 需求不确定环境下闭环供应链运作的鲁棒优化模型 [J]. 系统工程与电子技术, 2008 (2): 283 - 287.

[212] 徐家旺, 黄小原, 郭海峰. 回收率不确定的闭环供应链鲁棒运作模型 [A]//Proceedings the 7th World Congress on Intelligent Control and Automation. 2008.

[213] Shevtshenko E, Wang Y. Decision support under uncertainties based on robust Bayesian networks in reverse logistics management [J]. International Journal of Applied Ceramic Technology, 2009, 36: 247 - 258.

[214] Hatefi S, Jolai F. Robust and reliable forward-reverse logistics network design under demand uncertainty and facility disruptions [J]. Applied Mathematical

Modelling，2014，38（9）：2630－2647.

［215］Ren H T，Zhou W J，Guo Y，Huang L Z，Liu Y P，Yu Y D，Hong L Y，Ma T J. A GIS－based green supply chain model for assessing the effects of carbon price uncertainty on plastic recycling［J］. International Journal of Production Research，2019，58（6）：1705－1723.

［216］Eslamipoor R，Fakhrzad M B，Mehrjerdi Y Z. A new robust optimization model under uncertainty for new and remanufactured products［J］. Int. J. Manag. Sci. Eng. Manag，2015，10：137－143.

［217］Chen W，Kucukyazici B，Verter V，Jesús Saenz M. Supply chain design for unlocking the value of remanufacturing under uncertainty［J］. European Journal of Operational Research，2015. 247：804－819.

［218］Min H，Yi P.，Shi T，Guo L. A modal interval based method for dynamic decision model considering uncertain quality of used products in remanufacturing［J］. Journal of Intelligent Manufacturing，2018，29：925－935.

［219］Zhao X，Xia X H，Wang L，Yu G D. Risk－Averse facility location for green closed-loop supply chain networks design under uncertainty［J］. Sustainability，2018，10（11）.

［220］Almaraj II，Trafalis T B. An integrated multi-echelon robust closed-loop supply chain under imperfect quality production［J］. International Journal of Production Economics，2019，218：212－227.

［221］Keyvanshokooh E，Ryan S M，Kabir E. Hybrid robust and stochastic optimization for closed-loop supply chain network design using accelerated Benders decomposition［J］. European Journal of Operational Research，2016，249（1）：76－92.

［222］张雷．预售模式下时尚服装双渠道供应链优化模型［J］．纺织学报，2010（5）：65－71.

［223］Yan R L. Managing channel coordination in a multi-channel manufacturer-retailer supply chain［J］. Industrial Marketing Management 2011，40（4）：636－642.

［224］Yan R，Guo P，Wang J，et al. Product distribution and coordination strategies in a multi-channel context［J］. Journal of Retailing & Consumer Services，2011，18（1）：0－26.

［225］Hua G，Wang S，Cheng T C E. Price and lead time decisions in dual-channel supply chains [J]. European Journal of Operational Research, 2010, 205 (1): 113-126.

[226] 莫降涛，毛宏，范婷．退货量依赖销售量和价格的供应链协调性 [J]. 运筹与管理，2012 (1): 105-110.

[227] 张雷．融合生命周期的高新技术产品分销网络优化 [D]. 成都：西南交通大学，2010.

[228] 孙玉玲，周晶．易逝性高科技产品更新期的生产规模决策模型 [J]. 系统工程学报，2007，22 (3): 262-267.

[229] Li T. Implementation of the integrated operation of supply chain logistics in low-carbon economy [C]. 3rd International Conference on Transportation Engineering (ICTE), Chengdu, China, 2011: 2449-2454.

[230] Hekkert M P, Joosten L A J, Worrell E, Turkenburg W C. Reduction of CO2 emissions by improved management of material and product use: the case of primary packaging [J]. Resources, Conservation and Recycling, 2000 (1-2): 33-64.

[231] 周宇杰．基于中国电子商务模式的低碳供应链优化研究 [D]. 北京：清华大学，2014.

[232] 杨海江．低碳经济下闭环供应链网络优化研究 [D]. 秦皇岛：燕山大学，2014.

[233] 徐安．多目标规划问题及其解决方法 [J]. 济南交通高等专科学校报，1995 (4): 11-17.

[234] 袁晓丽．基于碳足迹的闭环供应链系统网络优化研究 [D]. 武汉：武汉理工大学，2013.